和乐教育的行动研究

HELE JIAOYU DE XINGDONG YANJIU

林秋玉 著

·广州·

版权所有 翻印必究

图书在版编目（CIP）数据

和乐教育的行动研究/林秋玉著. —广州：中山大学出版社，2021.3
ISBN 978-7-306-07084-5

Ⅰ.①和… Ⅱ.①林… Ⅲ.①中小学—教学研究 Ⅳ.①G

中国版本图书馆 CIP 数据核字（2020）第 262668 号

HELE JIAOYU DE XINGDONG YANJIU

| 出版人：王天琪
| 策划编辑：李 文
| 责任编辑：李 文
| 封面设计：曾 斌
| 责任校对：姜星宇
| 责任技编：何雅涛
| 出版发行：中山大学出版社
| 电　　话：编辑部 020-84110283，84113349，84111997，84110779，84110776
　　　　　　发行部 020-84111998，84111981，84111160
| 地　　址：广州市新港西路 135 号
| 邮　　编：510275　传　真：020-84036565
| 网　　址：http://www.zsup.com.cn　E-mail：zdcbs@mail.sysu.edu.cn
| 印 刷 者：佛山家联印刷有限公司
| 规　　格：787mm×1092mm 1/16 13.25 印张 215 千字
| 版次印次：2021 年 3 月第 1 版 2021 年 3 月第 1 次印刷
| 定　　价：50.00 元

如发现本书因印装质量影响阅读，请与出版社发行部联系调换

序

刘良华

现今社会，正处于一个激烈的转型时期。一方面，社会经济、科技的高速发展，给人们的生活方式、行为方式带来了巨大改变。部分人做事比较浮躁，强调自我，很少顾及他人的感受；部分创业者注重经济效益而忽略了人与自然和谐共生等问题。另一方面，人们在满足物质条件后，对提升精神文明水平的要求日益强烈，对个性的尊重日益彰显，教育价值的主流导向也越来越关注孩子的参与感、获得感、幸福感，家长和社会对教育的期望也越来越高。

而现实的教育并不是那么令人满意的。一是师资队伍素质不够均衡，协同发展有待提升；二是学校原有的课程设置比较单一，不能有效推动所有孩子的适性发展；三是学生学习整体上欠缺主动，品行塑造难以稳定发展；四是评价形式单一，弱化德育、体育、美育、劳育的全面发展；五是校园环境建设欠缺校本特色，办学文化沉淀意识不强。这与家长、社会对教育的日益重视以及学生个体发展的迫切需求是不相吻合的。于是，现实迫使教育者必须在教育理念、办学目标、教学内容、教育途径、办学策略上进行内源性、结构性、系统性的创新和变革。

在此背景下，秋玉校长开展了以"和乐教育"为主题的课题研究。2007年，秋玉校长以开展区级重点课题"和乐教育的研究"为契机，在校内进行"和乐教育"办学思想的实践。经过数年的实践、总结、反思，2011年确立了"雅慧并育 和乐共生"的办学理念，树立了"以和乐文化为基础，以和乐教育为特色，把学校办成培育雅慧学子的区域优质学校"的办学目标和"培育体魄强健、行为优雅、性格开朗、心地善良、乐思善学的雅慧学子"的育人目标。

十多年来,学校围绕"文化立校,特色强校,课程育人"的办学思路,从"实施和乐管理"入手,通过"打造和慧团队""探究和雅德育""实践和乐课堂""建设和美校园",全方位开展"和乐教育"办学思想的实践,系统建构了"和乐课程"体系,让师生浸润在和乐的文化氛围里,健康地、幸福地成长。

"和乐教育"是秋玉校长多年教育教学实践的所悟、所得。她所推崇的"和乐教育",并不是追求简单的一团和气或简单的快乐,其真正魅力在于"和而不同"和"自得其乐"。

"和而不同"意味着承认和尊重差异。对学生,坚持兴发教学,因材施教,不用一个模子去限制学生,而是启发学生、引导学生发展自己的个性,注重雅慧兼修,以福泽孩子的一生。对教师,坚持专业引领,激发内驱力,促其自主发展,引导教师修身、修德、修能,成就"和慧"教师,获取教师职业幸福感,使其能把工作当成追求精神充盈的幸福旅程。

"自得其乐"意味着教育的终极目标是让学生学会主动地学,学会自学,学会有效地学;让学生成为因自主独立而自食其力的发展中的人,成为人格与学识共同成长的人。同样地,"自得其乐"对教师而言也是如此,不是完全追求物质的享受,而是不依附他人的自得其乐、自由之思想和能力。

"和而不同,自得其乐"的和乐教育的行动研究,给学校带来了积极的影响,也希望越来越多的学校能够让学生享受和而不同、自得其乐的教育。

2020 年 3 月 28 日于广州

目　　录

第一章　和乐教育的提出 ································· 1
　　一、和乐的传统文化 ································· 1
　　二、和乐的学校传统 ································· 2
　　三、和乐的学校文化 ································· 4

第二章　和乐的学校管理 ····························· 18
　　一、和乐的管理原则 ································ 18
　　二、和乐的人际交往 ································ 22
　　三、和乐的家校合作 ································ 29

第三章　和乐的教师团队 ····························· 39
　　一、和乐的校长素养 ································ 39
　　二、和乐的干部素养 ································ 42
　　三、和乐的教师素养 ································ 44
　　四、和乐的教师交往 ································ 61
　　五、和乐的科研管理 ································ 64

第四章　和乐的课程建设 ····························· 71
　　一、和乐课程结构构建 ···························· 71
　　二、和乐课程资源开发 ···························· 79

三、和乐课程评价标准 ·· 84
四、和乐课程评价方式 ·· 85
五、和乐课程评价实施 ·· 87

第五章 和乐的教学改革 ·· 92
一、和乐课堂的初步探索 ·· 92
二、和乐课堂的第一轮行动研究 ······································ 97
三、和乐课堂的第二轮行动研究 ······································ 110
四、和乐课堂的三个辅助策略 ·· 116

第六章 和乐的德育改革 ·· 120
一、"三环"德育实施策略 ·· 120
二、心理健康教育策略 ·· 125
三、"三结合"教育策略 ·· 128

第七章 和乐教育行动研究的效果 ···································· 132
一、教师印象：关于和乐教育的体验 ································ 133
二、学生变化 ·· 165
三、教师变化 ·· 174
四、学校变化 ·· 190

参考文献 ·· 201
后　　记 ·· 203

第一章 和乐教育的提出

人，生长于天地之间，上敬奉于天，下立信于地，聚天地之精华，凝万物之灵气，集日月之光辉。天地人和，是中华民族独有的处世哲学，经过数千年的传承与发展，已升华为一种精神，一种境界。在人的一生中，无论学业、家庭、还是事业，都需要在积极的人际关系中互动和交往，以促其健康成长和顺利发展。"和"是中庸的处世之道，它在中国话语中有独特的地位："和睦相处"、"和气生财"、"家和万事兴"，"和"成为一种独特的中国智慧。当一个人、一个群体置身于"和"的环境之中，快乐和幸福感就会油然而生。因为"和"，所以"乐"。快乐是人生的目标，和谐是快乐的途径。

一、和乐的传统文化

中华民族有着5000多年的悠久历史和丰富灿烂的传统文化。中国历来有和气致祥、和衷共济、和颜悦色、和蔼可亲、家和万事兴、国和百业旺、"和而不同，有容乃大"等富含哲理的成语。由此可见，"和"是中国传统文化的基本精神，也是中华民族不懈追求的理想境界。"和"蕴含着中国的价值观——平等共事，和谐共处，多样并存，合作共赢。

"和"的本字为"龢"，调和也。"天地人和"的核心思想便是"和"。《说文解字》解释：和，相应也；《广雅》解释：和，谐也。"和谐"二字简洁、生动而又朴实无华地反映了中国人心灵深处对人、对社会与自然最深刻的理解，是对中华文化和中国哲学精神最精辟的诠释。

"和"是儒家学派创始人孔子思想的核心，是其治学处事的价值标准，如"礼之用，和为贵"（《论语·学而》）。《礼记·中庸》认为"和也者，天下之达道也"。"和而不同"出自《论语》，"君子和而不同，小人同而不和"，"和"追求和谐，但不追求表象上的相同一致，而是尊重差异、追求个性，在丰富多彩中达至内在的和谐统一。这对于我们构建和谐学校和多元教育具有重要的启示意义。

"乐"的本义是上古时期的弦乐器（类似琴、瑟），又因为乐器发出的声音和谐悦耳，使人感到快乐，所以"乐"又衍生出"快乐""欢喜"之义。"知之者不如好之者，好之者不如乐之者"（《论语·雍也》），"发愤忘食，乐以忘忧，不知老之将至"（《论语·述而》），"人不堪其忧，回也不改其乐"（《论语·雍也》），都表达了乐学的最高境界。"乐"是孔子提倡"学而不厌，诲人不倦"的内蕴。"乐"在形式上指欢乐、愉悦的心情，实质上则指精神上的专注、投入与奉献，是一种身心和谐舒展的美好境界。

二、和乐的学校传统

赤岗小学地处广州市老城区海珠区东南部，毗邻明代著名建筑赤岗塔。赤岗塔是广州现存古塔之一，兴建于明万历四十七年（1619），是继琶洲塔、莲花塔之后修建的第三座"风水宝塔"，即"锁二江""束海口"以聚"扶舆之气"的"珠江三塔"之一。赤岗塔伫立在一座红砂岩的小山冈上，附近赤红色一片，故冈称"赤岗"，而塔便称"赤岗塔"。同时，赤岗塔位于广州东南城下，四周原处珠江河水之中，后被淤填为农田和鱼塘，明、清时形成村落。

赤岗塔与周边的大塘村、红卫村、仑头村等古村落历经时代变迁，走到现在。周边的海军基地、珠啤集团、卷烟二厂、医学高等专科学校、广东财经大学、渔业公司等单位，与海珠湿地公园、万亩果林相映成景，自然与社会交融，农村与城镇并存，军队与居民同住。随着时代的发展，广州市的新中轴形成，琶洲会展中心、广州电视塔、领事馆区在这一片红土地上落地生根，与当地古村落交相辉映，使现代与传统交互融合，海洋文化和内陆商业交相发展。

传说中，庙塔是"神物"，用于镇守一方，庇佑生灵，明代建造的赤岗塔也不例外。赤岗塔自古以来就寄托着当地人们祈求"风调雨顺、安居乐业"的美好愿望，"和乐"的思想追求早在1619年就植根于当地居民的心中。

1992年，在这一片红土地上，五个教师带着几十个学生，一边教学，一边挑泥整砖，挥洒汗水，齐心协力，栉风沐雨，赤岗小学就此在红山冈上矗立，从此"和乐教育"在这一片教育热土上开始萌芽发展。

赤岗小学建校之初只是一所籍籍无名的普通小学，学校所处地理环境复杂，既有高校、医院，又有卷烟厂、渔业公司、啤酒厂等国有企业，生源结构参差不齐；学校教师身份也多样，既有招聘引进的外省籍优秀毕业生，也有原渔业公司子弟学校教师，还有一批军转干部的家属。

2006年8月我来到了赤岗小学，如何协调来自不同领域、不同地域的学生与教师之间的关系，成为当务之急。为了发展，学校前三任校长独辟蹊径，因地制宜走"科技特色兴校"之路，取得了良好的办学成绩，为学校后来实现跨越式的发展打下了坚实的基础。在前三届领导班子的努力下，学校办学已有一定规模，教师队伍建设也有了良好的基础，科技办学特色凸显，成为赤岗学区的中心小学。当时学校正处于市一级学校（2003年评）跃为省一级学校（2006年评）的迅猛发展期，中年化的教师群体和2006年5月二次分配制度改革带来的干群矛盾在一定程度上影响和制约了学校的内涵发展，所以我颇感责任重大。

经过一学期的管理尝试，我在思考中明晰：要有明确的奋进目标，才能形成健康、浓郁的工作氛围，构建生态校园；学校要实现内涵发展，融洽人际关系是前提，提供锻炼平台是途径，提升师生素质是关键，实现师生和谐发展是目标。其中，最重要的是要有良好的、积极的人际关系，包括干群关系、师师关系、师生关系、生生关系、家校关系、学校与社区关系。

于是，结合学校邻塔而建、居民祈求"祥和安乐"的地域文化特性，再考虑到现代教育以"乐教乐学"为主旨的特性，依托教育科研的春风，我提出以"和""乐"两字为学校特色创建的着眼点，开展"和乐教育研究"。

依据国家的教育方针，我带领教师从实际出发，将孔子教育思想精华与国内外先进教育理论融为一体，运用整体优化的思维方法和工作方法，努力创建宽松和谐的育人环境；全面开展"和雅德育的探究"、"和乐课堂的实践"、"和慧教师团队的建设"、"和美校园环境的打造"四个板块的研究，力求真正提高"五育"（德智体美劳）的实效性与针对性，让教师和学生"轻松、愉悦而高效"地教与学；让师生浸润在我与他人、我与社会、我与自然、我与自己内心融合无间的"和乐"文化氛围里，幸福地成长，自主地发展。

2011年11月,在参加广州市"中小学优秀校长培养工程"培训后,我又结合所学内容,开始认真思考以"和乐"为核心的学校文化走向。2013年,我引领团队明确将"和乐"作为办学理念的核心,使其在学校发展中发挥引领作用。时至今日,"和乐教育"在赤岗小学已渐成体系。

三、和乐的学校文化

学校以创建特色学校为契机,确立了"以和乐文化为基础,以和乐教育为特色,把学校办成培育慧雅学子的区域优质学校"的办学目标和"培育体魄强健、行为优雅、性格开朗、心地善良、乐思善学的雅慧学子"的育人目标,并提炼出"雅慧并育 和乐共生"的办学理念。构建"和乐教育"办学思想体系,是"教师乐教,孩子乐学,师生和谐"的必然前提和必备条件。

(一)和乐教育的内涵

"和乐"是"和乐教育"的主体概念,它有着丰富而深刻的意蕴。"和乐教育"的"和"有两个层面。一是指"和谐发展",即教育要在国家方针政策的指引下调整学校教育系统诸要素的关系,使之组合成优化的系统结构,促使全体师生的身心潜能、综合素质获得生动的、活泼的、主动的、和谐的发展;二是指"和而不同",即倡导学生自主学习,注重发展学生个性、潜能和保护其差异性。

"和而不同"是"和乐教育"的特征,"和"是和谐,"不同"是个性。"和而不同"是共性与个性的统一。就学校教育而言,"和"是社会、家庭、学校三者合力的协调;"不同"是各自的重点和领域不同,"和而不同"是合力与独力的配合。就师生发展而言,"和"是教师、师生、生生之间人格的平等、真诚的合作;"不同"是在这一基础上的个性张扬和竞争,师生最终追求个性鲜明而又和谐的发展。"和而不同"是独立与合作的契合。"和而不同"旨在教育学生博学多才、全面发展,多方面地汲取对自身成才有帮助的知识,形成健康的、独立的人格。

"和乐教育"的"乐"也有两个层面。一是指"乐教育人"。在学校的全部教学和管理活动中，要注重学生情感因素的激发，创设乐教乐学的心理氛围和教学环境。二是指"乐导乐学"。提高教学效果，让教师教得轻松、引导自如，注重谋求自身的专业发展；让学生学得愉快，学有所长，学会学习和发展，强化其学习的自觉能力和自学能力，使其在学习中体验苦中求乐、自得其乐。在这里，"和"既是目标和过程，又是"乐"的重要前提和必要条件；"乐"既是方法和手段，又是"和"所引发的情感体验和教育行为、学习行为。

赤岗小学确立的"和乐教育"包含两方面的内涵。一是"和乐的教育"，即通过教育增强师生和谐快乐的体验，提高创造幸福的能力和素养。二是"教育的和乐"，强调教育过程、学习过程的快乐性和幸福性，彰显教育的人文性。具体来说，"和乐教育"是着力推进素质教育校本课程的实施，立足于师生生活立场，尊重师生生命价值，引导师生在教育教学中体验和谐快乐，创造幸福，从而获得素质全面提升的一种教育实践模式。学校倡导的"和乐教育"呼唤尊重学生，理解学生，把自由还给学生，强调教育的过程本身应该是快乐的。

"和乐教育"并不追求一团和气或者简单的快乐，"和乐教育"的真正魅力在于"和而不同"和"自得其乐"。"和而不同"意味着承认和尊重学生的差异，不用一个模子去限制学生的个性发展，也意味着学校和教师允许学生有自己的学习进度和学习节奏。虽然不可能彻底做到完全个别化教学，但至少它对传统的"齐步走"的学校教育是一个提醒，这种提醒使个别化教学成为集体教学的某种日常的备用方案。"自得其乐"意味着教育的终极目标是让学生学会自学，让学生成为精神强大、自食其力的人。真正的快乐不是依附于其他人的自得其乐，而是陈寅恪式的独立之精神、自由之思想。对于小学生来说，真正的快乐来自独立阅读、独立作业、独立思考以及日常生活中的自理能力。

和乐教育倡导的是一种积极快乐的教育生命样态，所追求的是将教育的目的回归人自身，使教育造福于学生，造福于教师，造福于人自身。和乐教育将从生理、心理、知识、社会、娱乐、健康、生活等方面对学生进行全面培养，使其身心得到全面和谐发展。创建和谐的育人环境，使教师乐教、学生乐学，培养学生的综合能力，让学生在做中学，在学中练，学会学习，学会做人。

在专家的指导下，我引领团队经过反复研究，从师生发展、学校发展的实际出发,将"和乐教育"作为学校特色进行凝练,构建了"和乐教育"办学思想体系,全面修订了学校办学理念、办学思路、办学目标、育人目标、"一训三风",并以此为引领,开始全面实施"和乐"管理,并拟定管理战略和实施策略。

学校文化:和乐文化

办学特色:和乐教育

办学理念:雅慧并育　和乐共生

校训:雅慧并举　知行合一

校风:和气　朝气　雅气

教风:重激发　重启迪　重引导

学风:乐体验　乐思考　乐展现

育人目标:培育体魄强健、行为优雅、性格开朗、心地善良、乐思善学的雅慧学子。

办学目标:以和乐文化为基础,以和乐教育为特色,把学校办成培育雅慧学子的区域优质学校。

赤岗小学"和乐教育"办学思想体系为三个"圆圈"设计,寓意是通过实施"和乐教育",在教育理念的指引下,有计划地分四个步骤组织实施,采取相应的四个管理策略——和慧团队管理、和乐课堂管理、和雅德育管理、和美校园管理,以期营造出"教师队伍和乐向上一股力,教师学生和乐互爱一家亲,家校社区和乐齐参与"的教育氛围,实现终极的办学目标和育人目标(图1.1)。

图1.1 赤岗小学"和乐教育"办学思想体系

（二）和乐的学校标识

学校精神文化是一所学校在一定的社会历史条件下，为谋求生存和发展，达成既定的教育目标，在长期的文化创造过程中积淀、整合、提炼出来的，反映学校广大师生共同的理想目标、精神信念、文化传统、学术风范和行为准则的价值观念体系和群体意识，具有强大的熏陶功能，同时具有方向引领、动力聚生、活力激发、品质塑造等教育价值。和乐教育赋予我校独特的办学魅力，我们着力打造和乐特色的文化意象与氛围，构筑全校师生共同的和乐精神家园。

1. 校徽"勾画"和乐

校徽释义：校徽两个不同心圆取"君子和而不同"之意，结合学校的

"和乐教育"特色创意而成。"和""乐"是孔子的核心思想（图1.2）。

校徽的主要元素由"和"字的第一个拼音字母"H"变形夸张而成，如两只展翅高飞的鸟，寓意或男女生，或师生，或家校比翼齐飞。高飞的鸟翅膀突破了圆形的天空，寓意学校追求个性发展和对学生创新思维的培养。

校徽两边的橄榄枝代表和谐教育，它由许许多多的"乐"字首字母"L"串在一起，寓意只有学校的教育达和，才会有许许多多的乐人、乐事。

"赤岗小学"四个字用中国传统书法行书表达，意为书香校园的学校文化积淀；陪衬以英文，意为教育要面向世界、面向未来，与时俱进，与世界教育同步发展。

橄榄枝和"赤岗小学"四字托起的是一轮冉冉升起的太阳，寓意学校全体教职员工对教育事业的热情和学校办学业绩的辉煌。

图1.2　赤岗小学校徽

校徽将寓意深刻的办学理念化为简洁的图形，和谐中有创新，构图新颖又有古朴和现代兼容的韵味，其创意之巧，可谓精妙绝伦。

2. 校歌"歌唱"和乐

校歌是学校精神文化的重要组成部分，是反映学校精神面貌的重要标志，是一所学校对内的精神号召和激励，对外的形象展示和宣言，反映了学校的教育理想，以及受教育者的感受、追求和成长心声。我校校歌《放飞梦想》的歌词是我创作的，作曲委托星海音乐学院的老师协助完成。该歌曲旋律优美、朗朗上口，全曲采用进行曲调，曲风活泼向上，适合学生的年龄特点。歌词倡导赤岗小学的办学理念，用学生喜闻乐见的形式，让他们在和乐教育中，追求心康体健，自主合作，学会思辨，学会生活，争当雅慧学子。学生十分喜爱新创作的校歌，争相传唱。

校歌《放飞梦想》歌词："沐浴着和煦的季风，我们漫步于优雅的校园。爱的阳光和雨露，滋润着我们幼小的心田。心康体健，自主合作，我们争当雅慧学子。学会思辨，学会生活，我们奠基美好未来。温文儒雅，知书达理，是我们不懈追寻的梦想。雅慧并举，知行合一，是我们齐心镌刻的印记。我们努力，我们奋斗，我们立志成为了不起的新公民。我们努力，我们奋斗，我们立志成为响当当的新一代,响当当的新一代。"

3. 人文"浸润"和乐

为了孕育和乐精神,实践和乐教育理念,赤岗小学在学校精神文化建设上凝结了全体成员的智慧。我们对学生、教师、家长提出了殷切厚望,使"和乐"校园成为师生共同的精神家园。对学生,注重营造自由、平等、尊重的人际心理环境,陶冶学生的心灵和志趣;对教师,注重营造浓厚的人文氛围,工会定期开展康乐活动、级组文化交流等。日常生活中体现浓厚的人文关怀,行政管理中做到刚性与柔性相结合,引领教师"走专业成长之路,享教师幸福人生"。对家长,注重构建有效的沟通工作通道,建立学校和班级家长委员会,通过召开家长会、浏览网站、建立QQ群和微信群、家访、召开家委会联席会议、家长讲师进课堂、组织家长义工和家长开放日活动等形式,实现家校和乐互动,共同交流、沟通学校教育教学管理以及探讨教育热点、难点问题;通过创新家长学习方式,多渠道更新家长的教育观念。"和乐"文化在师生中发扬广大,在不知不觉中成为全校师生的共同价值观。

(三)和乐的校园环境

学校文化是学校所具有的特定的精神环境和文化气氛,是学校本身形成和发展的精神文化和物质文化的总和。学校文化对师生的影响是"润物细无声"的,也深深地影响着学校的未来。赤岗小学的"和乐教育"把学校文化作为全面育人、展现办学理念和办学特色、发展师生文明行为的重要平台,努力践行"文化育人"理念,做到和美校园"三美化":文化标识物象化、环境布置主题化、校园氛围诗意化。打造和乐校园文化,为师生陶乐、陶情、陶行提供相应的条件。

"和乐教育"把校园环境作为校园文化建设的重要环节,以和乐的环境陶冶师生的和乐性情,让环境发挥教育的熏陶功能。因此,我和团队精心设计体现办学理念、校训、育人目标的十大特色景观,建造绿草如茵、花儿绽放、花香漫溢、乌龟闲游的幽雅舒适的小花园,并重点分区域设计了"和乐教育"宣传文化,主题有"五爱"教育、环境、科技、《三字经》、《增广贤文》、《论语》、安全知识等,突出"雅而通达,乐而不同",营造"书香醇美、雅致

"和乐"的氛围,达到学校处处皆有教育之功效,从而陶冶"和乐"性情。

赤岗小学的场室特色鲜明,氛围浓厚,反映着学生特色活动成果。学校每块墙壁、每片绿地都成为"老师",学生随时随地受到感染与熏陶。优美的校园文化环境,能够陶冶校园人的情操,塑造美好心灵,激发开拓进取的精神,达到一种无声教育的效应。

1. 展现师生校园生活的和乐文化墙

和乐文化墙是学校大型浮雕群,以其律动的造型,如阳光般灿烂的金黄色彩,为学校的和乐教育造势,将一个既有传统文化底蕴,又有和谐发展特色的和乐教育主题表达得淋漓尽致(图1.3至图1.6)。

图1.3 展示校园生活的和乐文化墙

图1.4 展示育人目标的和乐文化墙

图1.5 隽永清秀的理念文化墙

图1.6 和乐舞台的文化墙

浮雕左侧将传统文化的古老图腾和地域文化标志——赤岗塔及学校的教育价值观精髓融为一体,使人们在欣赏艺术的过程中感悟学校的教育追求。右侧以学校的特色活动为主线,将源自学生作品的学校的社团学习、礼仪教育、文体娱乐、科技创新等个性活动项目贯穿其中。一幅乐学会学、文明有礼的幸福校园图画跃然眼前，使走过路过的人们留连忘返。赤岗小学的教育氛围永不停息地向学生传递温暖，向家长传递真情，向社会传播正能量。更让人惊喜的是，这些模型的原图，全是从学校三至六年级的孩子们的作品中海选出来的！

2．雅致书香的和乐读书苑

"和乐读书苑"正后方是学校的文化理念墙，正上方写有我校的办学理念和"一训三风"校训（图1.7）。学校的办学理念是"雅慧并育 和乐共生"。"雅"指举止优雅、谈吐优雅、气质优雅，"慧"指做人有智慧、做事有智慧、做学问有智慧，"和"指人与人和谐相处、人与社会和谐相处、人与自然和谐相处，"乐"指快乐学习、快乐成长。左右两边的开放式书吧，上面书写"书山有路'趣'为径，学海无涯'乐'作舟"，凸显了学校"和乐教育"的办学特色。整个读书苑用古典的装饰风格结合独具创意的阴、阳书柜造型，与学校主色调——紫红色漆刷的花瓣型圆凳和包柱造型交相辉映，而11根包柱上都是学校对办学特色的关键词——"和乐"的诠释，它们与理念墙相互呼应，形成特色鲜明的景观，为同学们提供了一处散发着浓厚文化气息的学习好去处。墙壁上飘洒的每一朵花儿，背后实际上是一个个改造后留下的钢筋窟窿，装饰时我建议把大大小小的花儿贴在上面，既美化瑕疵，又寓意赤岗小学的和乐之花遍地开放！

图1.7 典雅精致的和乐读书苑

3. 典雅厚重的和乐竹简书卷

和乐竹简书卷充分体现赤岗小学和乐教育的特色文化设计，以半展开的书卷为造型，有古色古香的韵味，为学校的书香校园建设添上浓墨重彩的一笔（图1.8）。作品将《论语》精选语句"礼之用，和为贵""君子和而不同""学而不思则罔，思而不学则殆"等雕刻在竹简上，让观者在欣赏雕塑的同时，又能感悟中华民族传统文化的精髓。书卷与旁边的和乐读书苑内外呼应，形成极佳的育人氛围。该雕塑将艺术熏陶与人文修养相结合，是形式美与艺术美、装饰性与实用性完美统一的典范。

图1.8 典雅厚重的和乐书简

4. 绿意盎然的和乐休憩苑

和乐休憩苑是原有的校内园林绿地进行重新规划而来的（图1.9）。在入苑处放置一块刻有"憩"字的黄蜡石以点明该苑的功能，还在原有植物的基础上增添了一处艳丽的玫瑰花坛、一棵代表坚毅刚强的罗汉松，以及几棵花叶丰盈的茶花。在丰富了该苑景观效果的同时，也预示着"和乐教育"的蓬勃生机。此处还借鉴中国古代水文化造景特色，在水池中放置假山、水车和兰花，假山顶部生长着一棵小叶榕树，在加强"和乐休憩苑"观赏性的同时，也昭示着"和乐教育"是生命常青之树。水池里养着十来只乌龟，既给课间活动的孩子们提供观赏可爱的小动物的好去处，同时也寓意着学校追求生态教育，追求人与人、人与自然和谐共生的教育境界。

图1.9　绿意盎然的和乐休憩苑

5. 文化浓郁的和乐科技苑

和乐科技苑中的"海模文化苑"采用红瓷砖贴面作边框，围墙柱间利用不同造型框分割画面，展示内容为车模、船模和海洋文化（图1.10左）。在向学生传递世界车文化、船文化及科技发展进程的同时，也加强了文化长廊的观赏性，成为别具一格的园中一景。同时，展示海洋领域版图，对学生渗透海洋主权教育。

图1.10　文化浓郁的和乐科技苑

和乐科技苑中的"传统科技苑"是与创意科教模型室配套的文化空间（图1.10右）。设计者运用休闲与学习相结合的设计理念，在有限的空间以天文地动仪为中心,将四大发明雕塑、古老天文雕塑、地球仪雕塑分布于四周,使学生在娱乐嬉戏的同时,感悟中华民族的智慧,开阔自己的知识境界,穿梭于传统和现代的文明之中。

6. 奇思妙想的创意科教模型室

创意科教模型室里有许多漂亮的模型及零件,孩子们可以根据自己的认知水平,联系他们所学过的语文、数学、科学等课本知识以及未来生活中的具象模型,手脑并用,深化和扩展他们在各门课程中所学到的知识,促进综合素质的提升、创新能力的发展,进而达到健体健脑,提高社会适应能力的目的,是孩子们进行综合实践、展示创意能力的一片乐园(图1.11)。

图1.11 奇思妙想的创意科教模型室

7. 清俊隽雅的雅慧堂

雅慧堂是全校学生练习书法的殿堂。用原木做的枣红色的长方形书法桌椅、古色古香的金黄色地板砖、泥土原色的砖墙、装裱古典的作品展示栏、经典的书香型吊灯,衬着飘逸的白纱窗帘,显得古典而又清新,满室飘满书香的气息(图1.12)。

第一章 和乐教育的提出

图1.12 清俊隽雅的雅慧堂

8. 隽永别致的和乐舞台

和乐舞台位于学校中轴线上,是学校"小眼睛大世界""小故事大道理""小舞台大人生"等主题活动的中心场所(图1.13)。舞台以中国戏剧舞台的通用圆柱造型、古色古香的铁艺角花、梨园艺术的实木雕刻、雕梁画栋的精细工艺为表达元素,打造出一个和融特色的独特空间。这里是师生才艺展示的舞台,这里是检阅教育成果的舞台,这里是梦想绽放的舞台,这里是和乐教育成果展示的舞台,这里是永不谢幕的成长摇篮。台柱上的"师生共进和致远,

图1.13 隽永别致的和乐舞台

15

雅慧兼修乐其中"是学校的教育愿景。

9. 灵动美感的和乐艺术苑

和乐艺术苑将各种乐器结合古色古香的铝格栅作为天花吊顶装饰，配上附有以舞蹈、乐器演奏为主题的包柱造型，加上音乐浮雕墙，更加增强校园的书香气息（图1.14）。这里是学生艺术梦想的摇篮，这里是学生艺术特长展示的舞台。

图1.14 灵动美感的和乐艺术苑

10. 动感十足的和乐体育苑

和乐体育苑用各种体育剪影结合古色古香的铝格栅作为天花吊顶装饰，配上附有以毽球、羽毛球为主题的体育文化项目的包柱造型，整个大厅风格散发

图1.15 动感十足的和乐体育苑

着浓郁的古典气息，同时又不乏现代体育精神所带来的时代气息（图1.15）。

除了这"十大特色景观"，优雅韵致的行政会议室也渗透着"和乐教育"的理念（图1.16）。

行政会议室西面墙上的板报简要介绍学校的办学理念和部分获奖项目。学校的办学理念是"雅慧并育　和乐共生"，校训是"雅慧并举　知行合一"。东面墙上的横匾"水至清则无鱼，人至察则无朋"出自班固的《汉书》，意思是说，水太清澈了，就没有鱼能在其中存活；人事事都计较得太明白，就交不到朋友。所以，我们应扬大德，赦小过，不要对人求全责备。我特意安排把这块匾悬挂在行政办公室，目的是时时刻刻提醒学校的领导班子和行政干部要用包容的心态对待老师，也引导老师们用包容的心态对待学生，始终做到"严于律己，宽以待人"，体现了"和乐教育"办学思想的核心精神之一——包容。北面墙上挂着瀑布和水潭的油画，蕴含着学校的包容文化，聚宝盆和翠竹意味着学校的领导班子齐心协力，汇聚所有能量和智慧，浇灌肥沃的土地，培养一代又一代翠竹似的"雅慧"学子，使赤岗小学的教育事业蒸蒸日上。

图1.16　优雅韵致的行政会议室

第二章　和乐的学校管理

中国古代的哲学家孟子曾就战术问题作了精辟的论述："天时不如地利，地利不如人和。"可见，"人和"在获取胜利中的重要地位。"人和"是指人心所向，内部团结，和谐发展。时至今日，先哲的至理名言在和平时代仍然闪烁着智慧的光芒，给后人无限启示。因此，在"和乐教育"的办学实践中，我坚持实施"和乐管理"，以求达到"天地人和"的境界。

一、和乐的管理原则

在实施和乐管理中，我坚持以"和乐教育"为导向，注重学校整体工作的提升。在"以师为本"管理理念的指引下，我注重以身作则，努力成为新时代的优秀校长。在干部队伍的培养上，我强调重视"三塑"：塑正气、塑朝气、塑大气；在教师队伍的培养上，我强调重视"三修"：修身、修德、修能，旨在培养一个具有领导、全局、自主、规范、品牌意识的干部团队，建设一支心态平和、精力充沛、师德优良、业务过硬的教师队伍。

在"和乐教育"的办学实践过程中，"和乐管理"是至关重要的一环，是实现育人目标和办学目标的核心策略和重要举措。在多年的摸索与实践中，我逐步形成了以人为本、"方""圆"兼顾的管理价值观。

"方"，有棱有角，强调管理的原则性、规范性；"圆"，有灵动感，注重管理的灵活性、变通性。管理是一门艺术，"没有规矩，不成方圆"，要实现学校办学目标，管理者要深谙管理的"方圆"之道。"方"与"圆"的辩证统一，即原则性与灵活性的有机结合，这是孟子推崇的经权智慧。在实际管理工作中，我坚持以下措施。

（一）由方而圆：制度约束与尊重激励相结合

管理需要规章制度的约束。制订制度要从"方"，因为制度一旦形成，就有其规范性、严肃性；但执行制度应从"圆"，因为制度应以保证学校工作顺利进行为目标，不以处分和制裁教职工为目的。换一种通俗的说法，就是坚持"刚性管理与柔性管理"相结合。教师是有思想、有感情、有独立人格的人，是需要被尊重、被信任和被理解的，学校领导能否关注他们的情感需求，直接影响他们能否尽心尽力地完成教育教学工作。

我刚来学校之时，正值学校刚刚通过省一级学校评审。学校八年间实现了"区级—市级—省级"跨越式的发展，客观上说，硬件建设是上去了，但软件建设与老牌的省一级学校相比，还是存在差距，尤其在教学质量上。我观察一年后发现，老师们课堂教学比较传统，平时没有积极辅导个别学困生的习惯，对教学成绩的定位也只是停留在区、市一级学校的水平。为了改变这种局面，提高教学成绩，我与班子成员分析沟通后，制定了循序渐进的提升目标：超过区的公办学校中线，向上线进发，并作为制度要求定下来。要求从2007学年起，学校和教师必须以省一级学校的标准开始严抓教学质量，三管齐下抓管理：首先是改变教学方式与学习方式，向40分钟要质量；其次是提高备课组的研究能力，群策群力抓质量；最后就是有针对性地辅导学困生。2007学年，我要求主管教学的行政负责人在教师大会上口头公布各科任教师教学成绩；2008学年纸质版公布并表扬教学成绩优异的班级（含进步大的）；2009学年除了纸质版表扬教学成绩优异的班级，开始公布个别成绩处于区中线以下的班级。我用三个学年的时间让教师们有一个循序渐进的接受和改变的过程。2010年7月，刚好全市实施绩效奖励金分配制度改革，经过党政工团、教职工代表大会联席会议集体研究决定，学校顺势把教学成绩列入绩效考核之中。为了保证老师们不变相把压力或矛盾转嫁于学生、家长，也避免让教师压力过大，在绩效考核实施细则中，我校只是把教学成绩定于区的中线以上水平，从分配方案上引导教师更关注学生综合素养的提升，要求级科组教师全力抓40分钟课堂教学成效和课后作业质量，只要级科内有科目获得优异成绩，该级任教此科目的全体教师集体加分，以形成一种良性的竞争和共同的追求，让"和乐文化"在级科组生根、发芽。

从2009学年开始，我校在参加区教学质量抽测或区教学质量监控过程中，均取得优异的成绩，受到了海珠区教研室的表扬。事实证明，制度约束与尊重激励是有效的。

（二）经权结合：大事讲原则，小事讲风格

"经"是在管理的全局和方向上坚持原则，对大是大非问题，特别是涉及办学思想、规章制度等问题，要敢于坚持原则，不能让步。对于那些无端制造是非、无才自高、自由散漫者必须坚持原则，保证管理的正确方向和舆论的正确导向。"权"是在小事上做到宽宏大量。每个教师都是不同的个体，有优点也有缺点，管理者应适当处理，不能以"显微镜"式的目光看教师的缺点。时时事事带着一种挑剔的眼光面对教师，那么教师与管理者的摩擦就会产生，矛盾就会愈演愈烈。因此，在管理中，管理者要做到"大事讲原则，小事讲风格"，动之以情，晓之以理，轻重缓急，拿捏得当。

近十年，中小学人事制度改革如火如荼，校长们一直站在风口浪尖；但改革的步伐不会因存在困难而停滞不前。因此，在推进改革的过程中，校长们如履薄冰，与有各种各样想法的教师周旋，对他们予以引导，希望工作上能得到他们的理解和支持。我校在教师岗位职务和职称竞争推荐上，由于僧多粥少，矛盾一直存在。但我一直坚持竞聘方案和实施细则由党政工团教代会联席会议集体研究决策，坚决执行经联席会议研究通过的方案和实施细则，绝不因个体情绪而调整。这样执行了几年，老师们熟悉了我的做事原则，反而少了诸多麻烦。我没有私心，坚持原则，一碗水端平，心里坦荡。每次竞聘竞推结束，落选者总会有些情绪，轻者怨言相吐，我给予耐心解释，也表示充分理解他们的情绪，并鼓励来年继续努力；重者宣泄不满，我也给予耐心阐释竞聘竞推方案和实施细则的相对公平性，并希望他们公正看待结局，不忘初心。当然，这些老师也不是一时半会就能消化情绪的，但我不计较，做好自己该做的事，宽宏大度待人处事，展现身为学校领导者的风度，做到"小事讲风格，大事讲原则"。我始终相信，只要坚持公平、公正、公开，以心换心，换位思考，最终一定能得到老师们的理解和认同。

（三）外圆内方：多元激励与公平公正相结合

外圆内方也可称为"形圆神方"。"外圆"是指管理者在激励和调动时讲究方法和手段，灵活地加以利用。如通过组织活动凝聚人心，蕴育学校文化。"内方"是指管理者在激励和调动时必须注意公平、公正，坚持真实、真诚，让教师愿意做事，并认真做好事。

激励和调动教职工的热情，形成群体活力，是把教育教学工作搞好的一种良策。管理的理想境界是"人人有事做，事事有人做；人人能做事，事事能做好"。要达到这一理想境界，需要充分调动教职工的积极性，即教职工主动地、能动地做好本职工作。

在赤岗小学，每一次大型活动，都是一次全校师生集体智慧的完美展示。2009年在海珠区少年宫举办的"我参与，我快乐"赤岗小学和乐艺术节、2012年在学校举办的"和雅育学二十载，雅慧齐驱谱新章"20年校庆、2016年在学校举办的"和乐弘学心连心，特色育人显姿彩"赤岗小学"和乐教育"特色成果展示活动、2015学年与广东电视台在学校合办的"运动绽放生命光彩，亲子同享和乐满园"赤岗小学"和乐体育节"暨家长开放日活动、2018学年举办的"书香洋溢校园，经典点亮人生——和乐读书节暨家长开放日"等大型活动，体现的就是"人人有事做，事事有人做；人人能做事，事事能做好"的管理境界。从方案设计、工作部署、经费预算，到过程指导、现场人员分工、现场活动调控等，我坚持全过程公平、公正、公开，真实展现工作场景，真诚鼓励教师展示才华，让大家知道要干什么、怎么干、干成怎么样。每一次成功举办大型活动的背后，就是对我把控"人、财、物、时、空"的一次综合考量。老师们支持的背后，就是对我工作的信任和肯定，对我所带领的团队的支持和厚爱。而这一切，离不开平日里"情感的浸润"与"文化的熏陶"。

校长，是教师专业成长的引领者、塑造者。我一直鼓励老师们努力做一个有专业底气的教师，鼓励他们朝着自己的孩子所希望遇到的"好老师"的样子去成长，不断地修身、修德、修能。校长真诚的希望、真诚的鼓励、真心的引领和指导，是教师成长的无穷动力。学校管理是一门艺术，只有校长用心、用情、用力,"方圆兼顾",方可实现"人圆事圆"的管理愿景。

二、和乐的人际交往

在创建和谐社会的大环境下,实施和乐教育,创建和美校园,是校长工作的核心。要提高学校的管理效能,增强学校教师团队的凝聚力和战斗力,校长的首要任务就是合理配置学校的人力资源,优化群体组织,创造和谐合作的和乐人际关系。

(一)营造和乐的干群关系

干群关系和谐与否,关系到人心向背,关系到办学目标达成度的高低。干群关系和谐,会形成强大的工作合力,会促进学校教育教学工作的全面顺利开展。而在"营造和乐的干群关系"一事上,校长起举足轻重的作用。

(1)校长心中要有一座公正的天平。面对个性不同、能力不同、交往程度不同的教职工,我在分配工作时公平对待,重点岗位按程序竞争上岗;在评价绩效时坚持标准,做到客观、公平、公正、公开;在评先评优时先制定标准,依照程序办事。这样有利于良性竞争,增强信服度,促进干群关系和谐。

(2)校长要适当放权,给下属机会表现自己。学校工作事务繁杂,校长不可能凡事亲力亲为。如果事事过问、事事把关,班子成员在开展工作中,就会养成一种依赖思想,这既不利于校长工作的开展,也不利于班子成员的成长。因此,我大胆放手,做幕后的观察者、引导者,让班子成员早日独当一面开展工作。同时,我还要求班子成员处处、事事坚持以身作则,尽可能为教师排忧解难,营造良好的干群氛围。

(3)校长要善于化解矛盾。只有稳定,才有机会谋求发展。对于非原则问题,校长尽量要做到大事化小、小事化了,以兼容的态度,稳定人心,凝聚人心。如近几年在教师岗位竞聘的过程中,赤岗小学有个别老教师因为落聘而情绪激动,我给予充分的理解,让她们在现场完全释放情绪,然后动之以情、晓之以理地与她们推心置腹地沟通,让她们明白竞聘过程的公平、公正、公开,告知学校的竞聘方案已经充分考虑综合因素,且是经过联席会议审议通过的，希望她们能理解和接受现实，并鼓励她们明年继续努力。最终，大家都接受了竞聘结果。

（二）打造和乐的师生关系

和谐的师生关系是实施和乐教育的前提。古人云：亲其师，信其道。对学生来说，在学校里师生关系是最重要的人际关系。学生会因为与老师关系融洽而学习劲头十足、生活愉快，也会因为与老师关系紧张而失去学习兴趣，甚至感到前途无望。因此，我提出"让每一个孩子都绽放独特的精彩"的教育理念，并鼓励教师抓住每一次与学生交流的机会，付出师爱，建立融洽的师生关系。

（1）教师要理解和尊重学生。理解学生，我要求教师要注意观察和体会学生的情绪，然后选择恰当的表达方式；对学生遇到的问题要具体分析，设身处地地为学生想一想。尊重学生，我要求教师要重视学生的独立思考，珍惜学生的情感体验，保护学生的个性、人格。尊重是一种爱，是一种信任，只有对学生付出真挚的、深沉的爱，才能得到学生的信任。

（2）教师要平等对待学生。有的教师对不同学生的相同行为表现，往往不能一视同仁，这样会让学生感受到不公平，也影响学生对教师的信任。平等是师生友谊的桥梁，我要求教师要注意公平、公正地对待每一位学生，尤其是特殊学生。教师的教育方式只要得到学生的认可，建立信任关系，才会产生"亲其师而信其道"的教育效果。

（3）教师要有宽容之心。宽容，是教师高尚人格的体现。面对学生的不成熟、经验的欠缺、行为的幼稚，我要求教师必须要有宽容的心态，正确引导学生，与学生建立一种互相信任、理解、接纳的良好的师生关系。

（4）教师要助力学生成长。在一个班里，一个孩子可能很平凡，但他却寄托着父母的全部希望。孩子的健康成长，关乎一个家庭的未来幸福。因此，教师任重而道远。小学成绩的好坏不能完全衡量一个孩子未来的成功与否，且新时代人的发展多元，不能唯成绩论。所以，我经常鼓励教师要多元评价学生，立足于学生实际，多做"助他一臂之力"之事，鼓励孩子"跳一跳，摘果子"，而不要做"揠苗助长"的事。因此，我校的老师都能坚持为各类孩子搭建成长的平台，把"一个都不落下"真切地融进学习、活动之中。

（5）校长要成为孩子们的"学长"。"亲其师而信其道"，我把自己融进学生当中，成为孩子们的"学长"。我充分利用校会、国旗下讲话、活动致辞、课间聊天等平台，与学生平等对话，淡化"校长"角色意识，努力成为学生的"大朋友"。我结合自己孩子成长的经验与教训，与学生们讨论养成良好习惯的重要性；我结合社会热点问题，与学生们交流健康成长的意义与对幸福生活的感悟；我借鉴有关安全问题的社会事件，推心置腹地与学生们讨论树立安全意识和掌握安全技能的重要意义；我以过来人的身份，与学生们交流读书的意义、礼仪修养的重要性……

（三）以和乐文化引领孩子的成长

校会，是校长与学生对话的平台。每学期，我会根据德育工作重点和学校工作需要，与孩子们展开一场场心灵的对话。13年来，我围绕安全、礼仪、阅读、学习、习惯等话题，给学生上校会课，以"和乐文化"引领学生的成长。

1. 做一个举止文雅、热爱学习、有责任心的学生（校长校会讲话之一）

（1）要做一个举止文雅的学生。"和雅德育"是学校的德育特色和品牌，我希望通过养成教育，使同学们都能养成良好的言行习惯，成为一个举止文雅的人。在过去的一年中，我欣喜地看到同学们已形成良好的行为习惯：每天在校门口、在校园里见到老师都能主动问好，"老师好"的问候声在校园里不绝于耳；在升旗仪式、校会等大型集会中，同学们集队都能做到快、静、齐；课间能做到文明休息的孩子越来越多，在老师们的影响下，越来越多的同学看到地面上的废纸、塑料袋，都能主动捡起来……在新的学期，学校将继续进行文明班评比、"和乐之星"评比和"行为登记卡"星星奖励，促进"和乐班级"文化建设。我希望，在新的学期里，同学们能做得更好，人人争当行为优雅、语言文明、知书达礼的雅慧学子。

（2）要做一个热爱学习的学生。作为学生，学习是最主要的任务。面对浩瀚的知识，首先要调整好自己的心态，要有一种正确的学习态度，要明白学习不是为家长学，也不是为老师学，而是为自己学的道理。上课专心听讲，课后认真完成作业，找到适合自己的学习方法，学习起来就会比较容易。当你真正投入到学习中，你会觉得学习像一幅五彩缤纷的画卷，充满着阳光，充满着生机，充满着幸福和快乐。教育专家告诉我们，每一个学生都是小宇宙，每一个学生的前途都是无量的。同学们，新的学期，大家一定要增强自己的时间观念，增强自己的学习目标意识，从每一个细节做起，努力改善自己的学习方式，不断提高学习效率。要愉快地接受老师们提出的学习要求，脚踏实地改进学习方法，学会学习，真正做学习的主人。同学们，从今天开始，我真诚地希望你们在预备铃响过之后，能迅速地做好学习准备，上课铃响后迅速进入学习状态，在课堂上积极与老师的教学形成情感共鸣，全身心地投入学习。

（3）要做一个有责任心的学生。有人这样总结，一名优秀的人才必须具备四种品质：一是对国家、对社会有责任感，二是对学习和工作有进取精神，三是对他人有竞争也有团队合作的精神，四是对自己有否定和超越的态度。这四种品质的核心就是责任感。对你们来说，遵守校纪校规、勤奋学习、刻苦锻炼是你对自我应负的责任，遵守社会公德是你对社会应负的责任，孝敬父母、尊敬长辈是你对家庭应负的责任，爱护公物、讲究卫生、关心集体是你对班级和学校应负的责任。为了培养同学们的责任心与关爱他人的良好品质，学校从2012年起开展了学生志愿者活动，上学期，在原有的校门口设置文明小天使岗位的基础上，又增设了课间巡逻组和阅报宣传组的岗位，许多同学积极投入到志愿服务活动中。今天，我们就邀请两位在上学期的志愿活动中表现突出的同学来跟大家分享自己作为志愿者的感受，有请六（1）班的肖舒文同学和五（1）班的周博妍同学演讲……同学们，让我们向这两位优秀的同学学习，积极参与到志愿活动中，建立服务他人、服务社会的意识；通过参加志愿实践活动，增强责任感和使命感，使我们的校园内能形成一种"互帮互助、携手共进"的风气，为传播文明、构建和谐校园奠定基础。

一年之计在于春。希望全体同学抓住春天的大好时光，不虚度每一天，不浪费每一秒，在新学期开始之际，起好头迈好步。只有春天的辛勤耕耘，才会有秋天的累累果实。

2．乐当雅慧少年，展现自我风采（校长校会讲话之二）

20多年来，经过赤岗小学全体师生的共同努力，目前，学校已取得良好的办学成果，在社会和家长中有了良好的口碑。这几年，我们成功创建了"和乐教育"市特色学校，秉承"雅慧并育 和乐共生"的办学理念，形成了"和气 朝气 雅气"的校风与"乐思考 乐体验 乐展现"的学风，学校正朝着良好的态势发展着。"和乐教育"着眼于你们的快乐成长，引导你们在教育教学实践中体验和谐与快乐，勇于面对和战胜各种困难，从而获得学习的信心和生活的幸福感。

学校的前厅墙壁上写着"雅慧并育 和乐共生"，这是我们学校的办学理念。所谓"雅"，就是指行为优雅、谈吐优雅、气质优雅，其中，行为优雅和谈吐优雅，讲的就是行为、谈吐的"雅行"，而气质优雅则是在行为、谈吐优雅的前提下，经过读书润养内心之后的、由内在修养而外显的一种表征。古人云"腹有诗书气自华"，就是气质优雅。六年的小学学习与生活，不一定能做到气质优雅，但它是一个奠基工程，需要我们毕生修炼。而"慧"，就是做人、做事、做学问都具有智慧。"雅""慧"二者之间相辅相成，做人、做事、做学问有智慧的前提需具有"雅行"习惯，"做人有智慧"就是言行举止得当，彬彬有礼，谦逊友善；"做事有智慧"就是要具有良好的处事习惯，讲究做事的策略，取得事半功倍的效果；"做学问有智慧"就是要形成良好的学习习惯，掌握学习方法，乐于思考，善于学习。我们的校风是"和气 朝气 雅气"。人人都重视雅行，同学之间要"和气"；每位同学都形成良好的性格和阳光的心态，学会包容别人，积极锻炼身体，人人充满"朝气"；有礼仪，有爱心，善学习，全身自然洋溢着"雅气"。这就是老师对同学们新学期的殷切期望和美好祝愿。希望你们能成为体魄强健、行为优雅、性格开朗、心地善良、乐思善学的雅慧学子，这也是学校的育人目标。六年学习即将毕业的时候，同学们可以用这个目标去反思和总结自己六年的学习，检测自己身上是否具备了这些特征。若是，恭喜你们学有所成！所以，今天我以"争当雅慧少年，展现自我风采"作为开学发言主题，向同学们提出如下三点希望：

（1）努力做一个"言行优雅"的孩子。礼仪，是一个人有修养的内外表现。学会微笑待人，学会彬彬有礼，是每一位同学应有的追求和习惯。这样，今天的你和未来的你，一定是一个受别人欢迎的人。从2013学年开始，我们要求所有同学进校门时和在校园里，见到老师和来宾，要面露笑容微微鞠躬问好;课间活动时,不大声喧哗;任何时候、任何地方都不乱扔纸屑;课间文明休息,不追逐、不打闹,学会自己约束自己,加强自律意识。学校为了让同学们的学习生活环境更好一些,花了很多心血精心设计和打造每一块草地、每一个角落,希望同学们爱护公共财物,把学校真正当成自己的家。我希望在新的学期里,同学们人人乐于争当举止优雅、谈吐优雅的雅慧少年。

(2) 努力做一个"乐于奉献"的孩子。生活,需要关爱。有爱,生活就会充满温暖。常为同学、老师做好事,表达自己的关爱,悦己乐人。爱的情绪,是会传染的。学校从2012年起开展了学生志愿者活动,我们的许多同学积极投入到志愿服务活动中,为同学们奉献自己的爱心,如课间牺牲休息时间的文明礼仪小队、一大早来校布置板报的阅读书报小队。希望全体同学积极参与到志愿活动中,建立服务他人、服务社会的意识。通过参加志愿实践活动,增强自身的责任感和使命感,使我们的校园内能形成一种互帮互助、携手共进的良好风气,为传播文明、建设"和乐校园"奉献力量。同时,学校还继续推行生态文明教育,鼓励同学们用自己的生活行动,让水更清澈,让地更干净,让花儿更艳丽,让树木更葱绿,让我们的校园和地球更美丽。学校的和乐休憩苑经过改造,一年四季花香漫溢。希望你们从身边的每一件小事做起,用实际行动爱护花草树木,爱护自然环境。

(3) 努力做一个"善于学习"的孩子。古代著名教育家孔子因为博学,所以流芳千古;近代文学家鲁迅因为博学,成为文学爱好者的偶像。古今中外,有多少名人,他们都是"腹有诗书气自华"。文化,是一个人内在涵养的体现;学习,让人从庸俗粗野变得博才多艺、彬彬有礼。

学习是学生们首要的任务。作为一名小学生,面对浩瀚的知识,我们首先要调整好自己的心态,有正确的学习态度。上课专心听讲,课后认真完成作业,找到适合自己的学习方法,学习起来就会比较容易。吃饭需要张嘴,这是一种自觉意识,学习需要有吃饭的自觉态度。因此,端正学习态度,这是关键要素。不要期望学习是件轻松的事情,这是不可能,学习需要辛苦付出。但心态很重要,心态好,就会把学习当成是快乐的事情。

勤奋读书,勤勉做事,踏实做人。小学阶段是人生的关键时期,切不可虚度光阴。孔子曰"吾日三省吾身",我希望同学们也经常扪心自问,这样你们才会在不断的反思中取得进步。学习的确很辛苦，常言道"宝剑锋从磨砺出，梅花香自苦寒来"，快乐的真谛就在于探索，在于追求，在于智慧的升华。一分耕耘，必有一分收获。只要你努力，总会有回报，你的文化就会越来越厚实，你的智慧就会越来越见长。

3. 读书，是成长的最好修行（校长校会讲话之三）

人为什么要读书？网络上有个段子这么描绘读书的意义的：当看到天边飞鸟，读书人会说"落霞与孤鹜齐飞，秋水共长天一色"，非读书人会说"哇，好多鸟呀"。同学们，读书是你们成长路上最好的修行，它不仅修身，更多的是修我们的内在涵养，它所形成的东西将是一种人格气质上的改变。古人云"腹有诗书气自华"就是这个道理。

作家龙应台说过：孩子，我要求你读书用功，不是因为我要你跟别人比成绩，而是因为，我希望你将来会拥有选择的权利，选择有意义、有时间的工作，而不是被迫谋生。当你的工作在你心中有意义，你就有成就感。当你的工作给你时间，不剥夺你的生活，你就有尊严。成就感和尊严，给你快乐。

读书的好处绝不是一朝一夕能体现出来的，读书对一个人潜移默化的影响可能会长达几年甚至几十年。

第三季《中国诗词大会》中夺冠的外卖小哥雷海为，他在比赛现场脱口而出的诗词和儒雅的涵养，惊呆了现场参赛的学霸和主持人。舞台上的雷海为很腼腆，普通话也不标准，不太爱说话，看起来朴实又木纳，但在诗词的世界里，他又是那样游刃有余，生龙活虎。心中有海，哪里都是马尔代夫；心中有诗，哪里都是阳春白雪。这位不甘于平凡的外卖小哥，用他的成功再一次告诉我们：再平凡的人，也有属于自己不平凡的光芒。

这就是读书的力量，它使人的内涵有更多的升华，会使人谈吐举止变得更加有风采，这就是所谓的"气自华"。在读书时磨练自己意志并深入思考的人，自然也会有更高的成就。

读书不应只是为了分数、为了成绩，更应该是对知识和文化本身做思考和探究，去发现读书的可贵。读书，是为了让你成为一个有温度、懂情趣、会思考的人，是为了让你在跌宕起伏的生活中，拥有处变不惊的内心。

孩子们，读书吧！通过读书，可以让我们不断修行、修心，拥有如下几种能力。

（1）面对挫折的能力。通过读书，明白"月有阴晴圆缺，人有悲欢离合，此事古难全"和"人生事，十有八九不完美"等道理，学会积极、乐观、淡定，从容地面对生活。

（2）爱的能力。有人做过实验，高年级的同学回家抱自己的爸妈，100斤都抱得起来还转一圈，但抱100斤石头肯定不行。因为有爱，所以有力量。

（3）认识生命多元价值的能力。台湾有个学生，父亲是种凤梨的农民，因为要鉴定凤梨的甜度，每个凤梨敲三下，几年下来，父亲敲凤梨的手指肿得很粗大。学生很心疼父亲，就发明了一个可以敲三下鉴定凤梨甜度的机器，后来这个机器获得了英国发明奖的金奖。这个学生因为对生命有理解、有爱心、有孝心，成为一个内心很充盈的学生。

（4）拓展视野的能力。读书，可以明史，可以拓展见识，可以启发思考，可以增长智慧。读书，可以让你走出家门，融入社会和自然，去认识更广阔的大千世界。

（5）表达自己情感和思想的能力。通过读书，让你们养成了思考的习惯，学习了解自己和他人，学会表达，学会有礼貌地与他人沟通、交往，学会尊重别人。

台湾著名诗人、作家林清玄曾经给他上大学的儿子送一个锦囊，里面有四句话：大其愿，坚其志，虚其心，柔其气。意思是说，一个人只要有大的愿望理想、坚强的意志、谦逊的态度和温柔的气质就成功了。而这些，只有通过读书，才可能拥有。今天，我也借林大师的这句名言送给你们：大其愿，坚其志，虚其心，柔其气！

三、和乐的家校合作

家庭教育是学校教育的基础，学校教育是家庭教育的延伸，两者又互为补充，相互促进。和乐教育的实施离不开两者的相互作用。"家"字是由一个"宝盖头"加上一个"豕"构成。汉字但凡有"宝盖头"的字，大多有房屋的含义，"豕"代表猪，指代用来祭祀的级别，用猪羊等祭祀的宗庙就是家。这是华夏民族中"家"的基本含义。在中国人的观念中，家是不可替代的，是身心的归宿，是生命生生不息的寄托，拥有一个圆满的家是人生永恒追求的目标。家，是孩子生命成长的摇篮，父母是孩子的第一启蒙教师。家校亲密合作，可以凝聚教育的核心力量，为孩子撑起一片爱的蓝天。

（一）校长作家庭教育讲座

赤岗小学非常重视开办家长学校。我自己亲自作讲座，与家长交流孩子教育问题、学习问题、安全问题，还聘请全国知名教育专家到校授课，从教育理念、教育方法等方面给予家长指导，让广大家长明确家庭教育的责任与义务，了解孩子成长规律，端正家庭教育观念，掌握家庭教育技巧，给孩子创造一个生态的家庭，给孩子一个阳光的童年。

1. 坚持阅读，给孩子以精神粮食（家长学校讲话之一）

读书的积极意义不言而喻。唐朝著名诗人杜甫曾有"读书破万卷，下笔如有神"的至理名言。著名语言学家吕叔湘先生在谈到课外阅读的作用时曾说："少数语文水平较好的学生，你要问他的经验，异口同声说是得益于课外阅读。"学校每学年都会开展"和乐读书节"活动，同时还开展优秀作文征集活动。这两项活动与坚持阅读是息息相关的。一个长期爱看有益书籍的孩子，他的作文水平、口头表达能力以及对问题的见解和看法会是出色的。有学生在谈阅读感想时说：世人都说金银好，而我认为读书才是无价宝；读书使人充实、完美，知识使社会进步；要坚持活到老、学到老。

好书美文如久旱甘霖、酷暑凉风，对人的心灵起着浸润、净化的作用。教师和家长平时要注意营造读书的氛围，引进课外读物，引导孩子走进阅读的海洋，让他们在书中与历史对话、与高尚交流、与智慧撞击，培养学生的文学素养和人文素养。打开孩子视野，引领孩子"登高望远"，走进学校的图书室，走进班级的图书角，走进街上的书店，在书的海洋中徜徉。鼓励孩子们不仅读文学类作品，也读科技类、历史类的文章；不仅读散文、故事、童话、寓言，也读戏剧、小品；不仅读中国的作品，也读国外的作品；不仅读现代的作品，也读古代的作品。让这些美文成为他们生活的向导、写作的拐杖、精神的力量、想象的翅膀……

教师和家长挑选给学生的文章或同学们自己选择的书籍有以下几类。

（1）世界经典类：《安徒生童话》《格林童话》《伊索寓言》《西游记》《三国演义》《一千零一夜》《鲁滨孙漂流记》《孙子兵法》……

（2）知识丰富类：《少儿百科全书》《十万个为什么》《上下五千年》《漫步地球》《成语故事》……

（3）文字纯美类：冰心的《笑》、张晓凤的《百合花》、苏霍姆林斯基的《我想亲亲母鸡》、杨红樱的《淘气包马小跳系列》、曹文轩的《草房子》和《感动》……

（4）贴近学生生活类：秦文君的《调皮的日子》、黄蓓佳的《我要做个好孩子》、郑渊洁的《皮皮鲁》系列童话故事……

（5）科幻探险类：叶永烈的《小灵通漫游未来》、J. K. 罗琳的《哈利·波特》系列丛书、柯南道尔的《福尔摩斯侦探故事集》……

（6）国情教育类：《长征》《日本幽灵》《二次世界大战》《中国十大元帅传》……

（7）榜样激励类：《小兵张嘎》《钢铁是怎样炼成的》《影响中国的100名伟大人物》……

（8）经典文化类：《新三字经》《千字文》《唐诗宋词三百首》《论语》……

那么，应该如何培养读书习惯？简单地说，就是熏习、多读。

文学的修养，是需要积淀的。古人语："读书百遍，其义自见。"要想孩子静下心来持之以恒地读书，最重要是指导孩子制定读书计划，比如读什么书，达成什么样的目标，而不是笼统地说"好好学习一些有用的东西"。然后经常告诉孩子"你一定要达成这个目标"，当孩子忍不住要偷懒的时候，要不时地提醒他们"你今天的目标达到了没？"，这时候孩子的心智系统就会强化他的意志，从而摆脱偷懒的思想。当孩子达成了阅读目标之后，千万别忘了夸奖他几句，以起到正强化的作用。

2. 做智慧家长，给孩子最好的教育（家长学校讲话之二）

提到这个话题，有些家长可能会觉得没有什么新意。谁不会当父母？我们都是尽一切所能，给孩子创造最好的成长环境。有些家长会说：我自己的工作压力很大，较少考虑这个问题，孩子吃得好穿得好，就是最好的教育。有些家长说：我给孩子的教育都是最好的，我花了很多钱给他们报读这样那样的兴趣班，还给孩子买最漂亮的衣服。因此，我们经常感叹：教育无界限，任何一位家长，都可能是教育的专家。好的教育没有一种固有的模式，如赏识教育、挫折教育、成功教育等。

什么是好的教育？我认为，适合孩子发展的就是好的教育。那么，怎样做个智慧家长，给孩子好的教育呢？作为教育工作者，我认为有以下四点。

（1）做喜爱读书的家长。书籍是人类进步的阶梯。阅读有益的课外书和报刊，有助于我们开拓视野，培养广泛的兴趣爱好，增长见识等。国家教育委员会原副主任柳斌曾说："一个不重视阅读的学生，是一个没有发展前途的学生；一个不重视阅读的家庭，是一个平庸的家庭；一所不重视阅读的学校，是一所乏味的学校；一个不重视阅读的民族，是一个没有希望的民族。"培根也概括读书的好处："读史使人明智，读诗使人聪慧，演算使人精密，哲理使人深刻，道德使人高尚，逻辑修辞使人善辩。"可见，让阅读成为生活方式之一，是一件多么重要的事。智慧的家长，应该首先自己养成良好的阅读习惯，跟上时代发展的步伐，保持学习的习惯，使自己成为一个积极向上的人，给孩子"以身作则"的影响。

（2）做具有社会责任感的家长。所谓责任感，是指个人对自己和他人、对家庭和集体、对国家和社会所担负责任的认识、情感和信念，以及与之相应的自觉态度。美国著名心理学家弗洛姆说过："责任并不是一种由外部强加在人身上的义务，而是我需要对我所关心的时间作出反应。"智慧的父母，就是要认真担负好家庭角色和社会角色。你对工作兢兢业业的态度，会给孩子以无声的陶冶；你对家中长辈无微不至的关怀与照顾，会给孩子耳濡目染的影响；你对孩子细心的培育与照料，会给孩子体验沐浴春风的温暖；你对社会事件的正确关注，会给孩子幼小的心灵播种爱的种子。

（3）做关注习惯培养的家长。家庭教育是"不教而教"，言传重要，身教更重要！习惯正是孩子在对家长行为的观察和仿效过程中逐渐习得的。家长有礼貌、讲礼仪，孩子就有规矩；反之，对孩子的影响就不好。所以，为了孩子，父母要修炼自己的品行，养成良好的习惯。因为父母的表率作用对孩子的成长有着特殊的意义。所谓"正人先正己""喊破嗓子不如做出样子"就是这个道理。智慧的父母,需要做到:培养生活习惯,学会管理自己;培养劳动习惯,做事勤劳认真;培养文明习惯,做人彬彬有礼;修炼自己的品行,养成良好的习惯;培养学习习惯,提高自身素养。

(4) 做善于交流沟通的家长。沟通是心灵的桥梁。良好的沟通,有助于增进了解、彼此信任,有助于发现问题、解决问题。家人之间的良好沟通、学校与家庭之间的良好沟通,有助于彼此达成共识,共同为孩子的健康成长搭桥铺路。同时,和谐的关系,也为孩子创设良好的成长环境。智慧的家长,需要做到:彼此信任,亲密合作;及时沟通,共商计策;因地制宜,讲究策略;性格开朗,心康体健;积极参与学校开展的各项活动等。

3. 把握家教关键,言传身教(家长学校讲话之三)

家庭,是孩子生命的摇篮;父母,是孩子的第一启蒙老师。孩子的健康成长,是每一个家庭的希望,也是学校教育工作的出发点和归宿点。因此,学校与广大家长众志成城,凝聚教育的核心力量,为孩子们共同撑起一片爱的蓝天。

(1) 家庭教育必须关注孩子习惯的养成。习惯对人极为重要,它伴随着人的一生,影响人的生活方式和个人的成长。家庭是孩子的第一所学校,家长是孩子的第一任老师,也是最重要的老师。智慧的父母需要做到:培养生活习惯,教会孩子管理自己;培养劳动习惯,教会孩子自己多动手;培养文明习惯,教会孩子彬彬有礼;培养学习习惯,教会孩子善于自学。

1) 饮食习惯。学校的配餐是大锅饭菜,食材、味觉肯定与家庭小碟菜有较大的差距。历来我们建议有条件的家长尽可能自己照顾孩子的饮食。而对于没办法照顾的家庭,选择在学校用餐,就得切实做好孩子的思想沟通工作。有的孩子每餐饭盒吃得干干净净的,有的孩子每餐都倒掉一半,老师再怎么动员都不愿意吃。面对这样的情况,我们一方面担心孩子没吃饱,另一方面又觉得太浪费粮食。所以,我们除了会督促餐饮公司尽可能做到膳食营养搭配合理,食品安全符合规定,也建议家长与孩子做细致的沟通工作。

2) 生活自理习惯。每天上学放学,看到一些家长让孩子独自背书包,自己的事情自己做。而有一些家长,让孩子当"甩手掌柜";尤其看到一些老年人,本身自己走路已经不稳,却让已经读中、高年级的孩子空手走路,老人家拿背包。这样确实不利于孩子品格的塑造,独生子女"小皇帝""小公主"任性、自我的通病就是这样被慢慢培养出来的。在家里,应该培养孩子做力所能及的事情的习惯,督促孩子方方面面尽家庭成员之责,这就是有远见的家庭教育。孩子的潜能是无限的,家长要善于搭建平台,鼓励孩子当家作主。

3) 礼仪习惯。每天早上上学,我们要求回校的孩子都要主动与老师微微鞠躬打招呼。心中有师的孩子,他的学习动机也会与众不同。家里来客、外出会见亲戚朋友,我们应该培养孩子主动问候他人的好习惯。彬彬有礼,谦谦君子,走到哪里,都会让人赏心悦目,深受欢迎。家长除了言传,更要注重身教。

4) 保洁习惯。尽管学校德育部门、班主任苦口婆心教育孩子要珍惜清洁工阿姨的劳动成果,养成不乱扔纸屑的习惯,但是,每天校门口,地面偶尔仍会看到纸巾、包装袋、牛奶盒、烟头等,甚至花基里也有。众目睽睽之下,如果你们看到有大人或者孩子做这种行为时,您会不会主动制止?当孩子吃完东西从车窗里往外扔垃圾的时候,您是否会给予严厉的制止?孩子在家里与在学校的习惯基本是一样的,所以需要家校共同培养。

每学年,学校都会开展一系列的习惯养成教育,如督促孩子们"守规则":守入校规则——主动问候老师同学;守课间规则——不攀爬、不跨越护栏,不做危险举动;守课堂规则——认真听讲,积极思考,主动参与学习活动;守午休规则——安静休息,不影响同学们休息;守放学规则——排好队放学,留校等候家长时不乱跑;守交往规则——与人和睦相处,不吵嘴、不打架、互相帮助、团结友爱。

(2) 家庭教育必须关注孩子性格的培育。中国的计划生育政策造就了独生子女的新一代。独生子女性格上的缺陷,已经越来越让国人意识到问题的严重性和严峻性。社会科技、经济的发展,越来越需要精英人才,所谓的精英人才不一定是智商一流,但绝对是善于合作、顾全大局的人。而且在现实中,性格温顺平和的人,也大多比那些性格急躁的、孤僻的、敏感的人过得幸福。

那么,如何培育孩子们的良好性格?家长可以从网上查找相关资料和相关书籍进行学习。在这里,我希望引起家长注意,重视学习,与孩子们共同成长。

（3）家庭必须关注孩子幸福能力的培养。中国传统文化提倡的仁、义、礼、智，这些品质应该都是家庭教育的产物，而非从学校教育和社会学来的。家长不要完全依赖社会和专业学校，而忽略了家教作用，以为送孩子进优质学校就一定能成才，其实家庭教育是任何一个专业社会机构所不能代替的。

让孩子幸福，是天下所有家长的愿望。那么，如何培养孩子的幸福能力？概括起来就是：良好的性格和心态；有较强的自我保护能力；乐于助人，乐于分享；生活上自食其力，学习上自得其乐；等等。最近发生的几起大学生遇害事件，给我们家庭教育敲起警钟。我们应该反省并结合社会安全形势，给予孩子们更细致的引导，教会他们从小学会保护自己。

（二）成立家庭教育讲师团

和乐教育理念与家庭教育紧密相连，密不可分。加强家校沟通，以家校之和乐促进和乐教育发展，是提高和乐教育教学质量的重要保证。

家校是一对良好的合作伙伴。学校教育和家庭教育各有作用和影响。教育的效果取决于家庭教育与学校教育是否协调一致，是否形成合力，是否成为互补。

2009年5月下旬，我有幸参加了在香港进行的广州市海珠区小学校长高级研修班的学习活动。在英华小学五天的影子学习，让我切身体会到了家校合作的必要性和重要性。回到学校之后，我大力推进家校合作。

（1）筹建学校家委会，发挥合力作用，让家长为学校管理出力献策。家庭教育是学校教育的延伸，学校教育与家庭教育同步，就会收到事半功倍的教育效果。对学校管理来说，家长是丰富的教育资源，发挥得好，学校的工作就会开展得更加顺畅，教育合力更强大。每学年，我都让德育部门牵头，组织各班按照一定民主程序选举出1位家长代表做学校家委会成员，5位代表做班级家委会成员。学校家委会协助学校就学校管理筹谋献策，如学校章程的制订、学校文化顶层设计、学校大型活动的策划、学校春秋游、食堂管理和学生校服采购等。班级家委会协助班主任开展班务工作，如教辅材料和作业本的统一选购、班级文化的建设、设计学生课余生活的主题教育活动，以及当义工，参与学校大型活动的组织管理等。学校放权让家长参与管理，既为学校的教育教学活动增加人力、物力，来自家校会决策的一些重大改革举措，也更易得到全体家长的信任和认可。同时，也让广大家长了解学校教育教学情况，增进理解，增强信任，加大支持力度，有益于让学生接受更优质的教育服务。

（2）为了推进家校合作，学校建立了网格化沟通平台，发挥家校和谐教育的合力作用。为了孕育和乐精神，践行和乐教育理念，我校注重构建有效的沟通通道，除了上述提及的建立学校和班级家长委员会、开设家长学校外，还建立学校官网、学校微信公众号、班级QQ群、班级微信群，坚持定期家访，举办家长开放日，实现家校和乐互动，共同交流、探讨学校教育教学管理以及教育热、难点问题，进一步创新家长学习方式，多渠道更新家长的教育观念，了解学校教育教学活动的情况，更好地达成共识，增进理解和支持。

（3）成立家长讲师团，引领学生树立人生理想，初步树立职业规划意识。任何一所学校，广大家长是一笔宝贵的办学资源，家长从事的职业丰富多彩，当中也不乏各行各业的佼佼者。为此，每学年我们发动各班举荐一两名家长代表，由德育部牵头进行甄别筛选，然后成立"学年家长讲师团"，利用国旗下讲话时间，让家长讲师团为孩子们介绍各行各业的工作，让孩子们在听家长的介绍时明白：坚持勤奋刻苦学习，是实现理想的前提；掌握扎实的"专业知识"，是胜任工作的关键。这样，既对学生进行了职业理想教育，同时也进行了热爱学习的教育。讲师团的讲话内容丰富、生动，具有很强的实际教育意义。

下面摘录2010届的一位家长讲师的讲稿《我的职业理念与行动》。他在讲话中说：

今天的讲座，我将对同学们进行一次职业启蒙教育，这是一个很好的尝试，可以在这里介绍我的职业，可以让同学们对我这个职业有个大概的了解。

现在我简单介绍下我的职业情况。我是一位大学通信专业老师，主要从事通信专业的教学与科研工作。我给通信专业的大学生讲授通信专业相关的原理、理论等专业知识，主讲"微波技术与天线"课程（微波是一种无线电波，看不见、摸不着，但是却非常有用，我们现在用手机打电话、上网等都需要微波进行通信；而天线则是无线信号的出入口，没有天线，就无法进行无线通信)。同时,也经常指导他们进行相关的实践活动,带他们参观一些通信行业的企业,加深同学们对书本知识的理解掌握。另外,在大学里,我们每位教师都会从事相关的科研工作。因为每个专业范围很广,所以每个老师都有一个研究方向,我的研究方向就是无线射频识别技术的研究与应用,就是利用无线射频信号来识别身份信息,即所谓的电子标签系统。比如我们的身份证、公交卡、广州图书馆的书上的电子标签等。将来超市里所有的商品,将会被电子标签替代,这样我们买东西时,只要将商品放入购物车,推出超市出口,就能自动算出买了什么东西,总共多少钱,然后结合电子支付,自动完成付款,效率非常高。当然,结合我的研究领域,经常跟校外的企业有相关的合作,就是怎么把我们的研究成果做成实际的产品。另外,有时候到通信公司里做一些技术咨询指导工作。

　　通信这个行业是很复杂的,需要多方面的知识。为了做好这个工作,我付出了很多努力。首先,需要学很多知识。我从大学开始学习了很多通信方面的原理,大学本科四年、硕士研究生三年、博士研究生三年都是跟导师从事这方面的学习与研究工作。其次,要做好这份职业,必须要经常动手实践。我在读硕士研究生、博士研究生阶段,做了很多通信方面的实验。在通信公司实践锻炼,一定要理论联系实践,才能加深对这方面的理解与掌握。参加工作以后,为了做好这个工作,还要不断地学习,要特别关注这个行业的最新发展,因为通信技术发展日新月异,比如手机 2G、3G、4G、5G 等。要阅读很多资料,特别是外文资料,因为那些发达国家的科技相对来说要先进一点,我们要学习他们的技术。对于一些技术难题,我们要进行深入的研究,比如从 3G 到 4G,再到 5G,速度越来越快,那么如何提高信号的传输速度,我们需要查阅大量的最新技术资料,在原理上改进,然后做大量的相关实验验证其可行性。最后,还要注重理论与实践的结合。我们经常深入企业,与一些通信公司合作,把这些研究成果转化为产品,这样才有实际意义。

　　同学们,要做好这份工作一定要学好数学、英语,当然语文是基础。因为很多模型都是用数学公式表达出来的,如果你将来要从事科技方面的职业,那就要学好数学。无论是通信技术、计算机技术还是其他的高科技技术,都需要用到数学知识。为什么要学好英语呢?因为很多高科技我们都是跟外国人学的,他们的资料都是英文资料,你要看懂人家的技术资料,一定要有英语基础。

(三) 一个家校合作的案例

2015年我校李玮老师被评为"广州好人",她对学生就像一位慈爱的妈妈,总是充满微笑,充满关怀,每一届的孩子和家长都十分喜爱她。数学老师蔡丽红为人严谨,话语不多,但对孩子如同妈妈一般,细致周到、耐心引导。

欧同学是我校二年级的学生,他很聪明但很好动。他妈妈说他从读幼儿园开始,就特别好动、话多,喜欢插嘴,喜欢恶作剧,自控力相对一般孩子差很多,中午从不午睡,和小朋友交流不太会用正确的方法。所以读一年级时,她妈妈总担心他会闹出很多让老师们头疼的事情,担心老师们投诉。但自从第一次见到班主任李老师,家长就被她那温柔的语言所感染,安心了很多。李老师和蔡老师从来不吝啬对孩子的表扬和鼓励,并安慰家长不要太焦急,孩子会越来越棒的。每当孩子身体不舒服时,李老师总是送来关心和问候。不到一个月,欧同学就有了很大进步,基本能遵守学校的纪律了。

由于欧同学不午睡,家长从幼儿园开始,中午就接孩子回家,担心他影响其他孩子午睡,也担心老师们太辛苦。所以进入我们学校时就填写不午托。李老师为了午托的事情和家长沟通过好几次,希望孩子有更多和其他小朋友相处的机会,学会更多的生活技能,更快地融入到集体中。李老师为了孩子不怕麻烦,不怕吃苦,欧同学中午不午睡,李老师就陪着他,哄着他入睡,像一个妈妈对孩子一样。持续了一个月,欧同学才能独自开始午休。老师们的辛苦可想而知,每天那么多繁重的教学任务,还要花那么多休息时间照料孩子们,实属不易,但李老师和蔡老师从没叫苦。

家长说:"我知道老师们的不容易。真的特别感谢李老师和蔡老师为孩子的默默付出和无私奉献。每次孩子出现什么问题时,她们总是及时和我们沟通,给我们支招,这个过程中老师给了孩子很多的包容、理解、帮助和关爱,也给予我们温暖和力量。遇到这样的老师,我们心里很感动!"

在李老师任教的两年时间里,欧同学的妈妈一共写了四封感谢信给我,每封信都是三至五页,字里行间都是对李老师、蔡老师的细心工作以及对学校文化的肯定和赞赏。

第三章　和乐的教师团队

教师，是学校的办学主体，是学校教育工作的具体实施者、实际推动者。一所好学校，必有一个好的教师团队。校长是学校的"统帅"，从职能上说，校长最主要的事情就是"引领"好教师。而教师是富有差异的个体，要让他们拧成一股绳，使之"和合"并不容易。因此，来到赤岗小学后，我一直在思考应如何引领这样的一个团队。校长是学校的一面旗帜，校长的专业态度、专业能力、专业素养，对教师的影响举足轻重。因此，我很注重提高自身的专业素养，努力开好"火车头"；注重管理团队建设，培养得力的左膀右臂；注重搭建平台，促进教师专业成长，以此打造"和乐"教师团队。

一、和乐的校长素养

21世纪是世界经济快速发展的时代，是科学力量竞争的时代，而科技的竞争，实际上是人才的竞争。因此，教育事业的发展举足轻重。校长的政治素养、品格素养、知识素养、能力素养，关系到学校的办学水平，关系未来教育发展的方向。

（一）校长的政治素养

政治素养是校长自身诸多素养中最重要的一项，包含校长自身的政治方向、政治立场、政治品德和思想作风。新时代，校长必须具有坚定正确的政治方向，忠诚于党的教育事业，保证教育沿着为社会主义现代化服务的政治方向健康发展。校长必须正确理解和贯彻执行党和国家的教育方针、政策以及各项法律法规；坚持德、智、体、美、劳全面发展的培养目标；坚持遵循教育规律办事。

作为学校教育改革领头雁的我，精心构筑学校发展蓝图，牢固树立"以教师的发展为本"的管理理念。在倡导"和平、发展、环保和人文精神"的知识经济时代，我在教育思想上成为先行者，做实实在在的工作，带动广大教职工积极深化学校内部管理体制和教育教学改革，让学校的教育教学朝着以下四个方面去发展：重视培养学生的国家意识与国际意识；重视培养学生可持续发展的能力；加强艺术和人文科学的教育；教育学生学会与人交往、相处和合作。

（二）校长的品格素养

校长的威信决不是靠权力树立的，除了能力外，靠的是品格素质，也就是高尚的道德情操和职业素养。校长是名师的塑造者，是教师的教师。因此，我努力做到爱护学生、公正无私、实事求是、坚持真理、谦虚谨慎、乐观豁达、言行一致、关心、团结群众，勇于开拓创新，有强烈的事业心和责任心，以大局为重，少讲空话多做实事，遇到问题能做出理性思考，综合分析并做出正确决策。我坚持以身示范，赢得教师的信赖，树立起自己的威信。

（三）校长的知识素养

学校是传播文化知识和精神文明的摇篮。校长是教师的教师，所以校长必须具备较高的文化水平，具有比较坚实的专业知识和现代科学知识素养。

（1）专业知识。教学质量是学校的生命线，教学管理是学校管理的中心环节。我努力在教学方面成为行家里手，对教育教学有自己的实践体会；系统掌握所教学科的教材教法，并熟悉其他学科的教材教法；懂得教育教学规律；具有较强的听课、评课能力，能对教师进行有效指导，得到教师的认可和欣赏；善于指导教师总结教育教学经验，有较强的总结能力。多年来，我坚持在教学一线，担任品德学科教学，与教师打成一片，在市、区一起上赛课，努力成为教师专业成长的引领者。

（2）管理科学知识。校长是管理的主体，是学校的领导者和组织者。校长的工作牵涉人事、财务、思想工作、公共关系、后勤保障等多方面的管理活动，最主要是师资的管理。管理老师需要智慧。互联网的兴起和发展，智慧校园的建设和发展也需要管理科学知识和长远的管理眼光。

与传统办学相比，现代学校管理不再是"关门办学"，而是一种开放式的社会管理，与社会各子系统相互牵制、依赖和推动。因此，我不完全依靠经验管理学校，而是努力运用科学原理和科学方法管理学校，走科研强校之路。十多年来，我积极申报和立项区级课题2个、市级课题1个，担任课题主持人，同时一直兼任海珠区教育科学研究会的副会长，以教育科研推动校长专业成长。

（3）教育科学知识。学校是典型的教学场所。我有计划地安排自学时间，通读论述教育思想理论的书籍和刊物，在运用过程中不断深化，并内化为自身的教育经验。这样，我在思考学校发展方向、制定办学目标的时候，就能做到用新思维去思考学校的办学特色，构建新的办学模式，走适合本校的发展之路。2011年11月在参加广州市优秀校长培养对象培训时，我一直坚持研读教育专著，紧跟教育改革的步伐，边实践、边反思、边总结，不断提炼办学思想，推进和深化"和乐教育"办学实践。

（四）校长的能力素养

校长的能力是校长开展实际工作的一种表现和反映，是校长完成任务、履行职责、领导学校教育教学工作的一种本领。学校工作涉及方方面面，对校长能力的要求也是多维度的，能力素质是校长在教师中树立威信的重要因素。

（1）决策能力。决策的核心在于选择，这种选择关系到学校的发展前途。我坚持做到任何一项决策都以学校和学生的发展为重，以维护学校和师生的利益为重。由于工作经历和经验的不同，校长在面临重大决策时的选择也可能不同，校长必须学会冷静地观察现象和分析问题，广开言路，虚心讨教，权衡利弊，然后做出正确的决策，绝不能意气用事或草率承诺。例如，赤岗小学曾经面临着接不接受分校区的问题，当时的顾虑是颇多的。接吧，面临办学条件简陋、生源素质参差不齐、教师队伍整合、教学质量下降等等困难；不接吧，可能又会影响教育局整体布局的调整。经召开班子会研究决定后，最终还是如实向领导汇报我们的担忧，最后得到了领导的理解和支持，暂时保持原状不变。

（2）组织协调能力。校长应是"帅才"而不是"将才"。校长组织能力的实质是根据学校的总体目标，充分发挥各个部门的主体作用，分工协作完成各自的任务，发挥教育资源的最大效能。我在管理学校时树立新的人才观念，通过各种努力团结群众，最大限度地调动教职工的积极性，发挥他们的创造潜能。在赤岗小学13年的办学实践中，我推动了教师聘任制度改革、奖励绩效制度改革、教师岗位职务竞聘、教师职称竞推、学区调整等人事制度改革以及新课程改革等重大事项，我坚持在规划上统筹全局，在实施上运筹帷幄，保稳定，促发展。

（3）领导能力。领导力是指善于沟通、协调，具有前瞻和规划意识，善于营造奋进合作的氛围，并指导团队高效完成预设目标的能力。学校的中心工作是教学工作和班主任工作。如何做好班主任工作，如何抓好教学质量，如何上好课，如何总结教育教学经验？在这些关键性内容上，校长要适应新时期工作发展趋势，结合工作重点，引导教师与时俱进，成为教师的导师，带领学校走向未来。

（4）创新能力。创新能力是校长推动学校发展的首要素质。在办学治校过程中，我运用有效的管理思想和方法，对学校管理的诸要素、环节进行创新设计与组合，使学校系统不断地显现新的状态，不断提高学校管理各环节有机结合和有序运行的效率。我在学校管理思想、目标、风格、模式、制度和环境等方面勇于探索，敏于思考，敢于标新立异，争创新样态学校，让学校既传承了科技教育办学特色项目，也让学校焕发生机，走"和乐文化"特色发展之路，跻身名校之列。

二、和乐的干部素养

行政干部是校长的左膀右臂，行政干部的凝心聚力，直接决定校长任期目标的实现。因此，我把"和"的智慧作为学校管理的重要文化。"和"是学校特色之根，一个团队只有"和融无间"，并坚持"和而不同"，才能成就各种人才，呈现出欣欣向荣之貌。班子成员是学校的贤人和能手，是推动科、级组工作的先锋者。在班子的培养上，我以"和乐管理"为核心，倾心打造一个品行上塑正气、行动上塑朝气、形象上塑大气的"三塑"管理团队。

（1）品行上塑正气。行政干部是学校的中流砥柱，要树立良好的干部形象。因此，在行政团队建设中，我要求大家要努力提升自身的人格魅力，在品行上塑正气，成为老师的贴心人和学习的榜样。同时，通过各种培训，我要求班子成员树立"角色、大局、规划和绩效"四种意识，争先创优，在工作中处处以身作则，争取成为教师的表率。

（2）行动上塑朝气。行政干部是学校的风向标。我要求管理团队成员学会正确处理工作、学习与生活的关系，成全大我，舍弃小我，积极、主动地工作。学校明确分工，实施权责分明的层级管理。每一项综合性的工作，一人负责统领，相关人员各司其职，各负其责。因为联系密切，沟通有效，团队成员坚持亲力亲为，所以，学校每次举办大型活动都能出色地完成任务。为了促使干部自律，每学年我校中层干部和校级干部一样，都要进行学年工作述职和民意测评，切实强化"在其位，谋其职，尽其责"的责任意识。

（3）形象上塑大气。我要求行政干部分工不分家，以大局为重，做事、做人不计较。在共事中做到"大事讲原则，小事讲风格"，顾全大局，求同存异，互相学习，互相帮助，多协商，多尽责，多谋事，和而合力。为了增强干部素养，我搭建平台让行政干部参加不同层次的培训，不断提升他们的专业能力和水平。

我对行政干部工作的要求总体可概括为：依法治校，注意沟通；精于组织，善于协调；指导得力，勇于创新；关注本职，兼顾大局；善于点兵，寻求帮助；虚心好问，少走弯路；性格沉稳，谦和大气；互相补台，建立团队。要求大家经常反思几个问题：情绪态度（个性张扬与角色要求）、方式方法（耗时长短与成效高低）、团结协作（单打独斗与合作共赢）。希望管理团队彼此理解，加强沟通，增强合作，实现双赢。

赤岗小学在迎接义务教育均衡发展督导评估的过程中，不断对学校的文化进行提炼。为确定学校教育教学主题文化，德育部门、教学部门、后勤部门首先根据学校现状与特点，初步拟定各部门主题文化方案，然后由分管德育、教学、后勤工作的副校长或中层在校务会议上汇报方案。在此过程中，学校每位班子成员都针对方案发表了自己的意见。领导班子成员本着对学校负责的态度，既尊重主管行政的意见，也充分发表自己的看法。在这个过程中，虽然年龄不同、性格不同、分管工作不同，但是大家依然不遗余力地针对问题进行讨论、分析，为学校未来的发展贡献自己的力量。最后，我再整合班子的智慧，集中班子的力量，确立了学校"和乐教育"主题文化，即创和美校园——善管善理，做和慧教师——善教善导，育雅慧学子——善学善思，当和善家长——善举善为。"和乐教育"主题文化正是学校"人和"的特色表达。

三、和乐的教师素养

和乐教育的实施，关键在教师。为此，我通过构建学习共同体，提高教师团队的"修身、修德、修能"，从而打造一个心态平和、精力充沛、师德优良、业务过硬的和慧团队。

（一）教师的形象素养

作为一名教师，首先要做的就是规范自己的言行举止。古人云："君子之修身也，内正其身，外正其容。"教师儒雅的风度、优雅博学的谈吐、大方得体的着装、端庄的仪态对学生有直接的教育作用，这样很容易在学生中建立威望。学生总是把教师看作学习、模仿的对象。因此，教师需要从自我做起，从小事做起，率先垂范，作出表率，以高尚的人格影响学生，以整洁的仪表影响学生，以和蔼的态度对待学生，以丰富的学识引导学生，以博大的胸怀爱护学生，只有这样，才能是真正的"亲其师，信其道"。

做一个"和慧"教师，不但要深厚内在的修养，还要塑造外在的形象。形象是教师的第二语言，其作用不可小觑。于是，我在老师们身上做起了"文章"，带领老师们"修身"。我让工会请来市纺织服装学校的喻涵老师，为学校的老师们亲身示范如何"选对色彩，穿出精彩"；请来沈吟老师给教师进行仪态训练，让老师们体会"坐有坐相"、"站有站相"的重要性；请来广州大学刘树谦教授作"教师有礼，母仪天下"的讲座，让教师知道具有良好的礼仪，能展现教师的人格魅力。经过学习，老师们深深体会到色彩搭配与个人形象的关系，真正明白"美丽也是一种能力，形象也能说话"的道理。

（二）教师的心理素养

教师是育人的职业，教师的心理健康，直接影响学生的心灵成长。团队合作的精神培养，对学校的长远发展也意义重大。随着二次分配制度改革的深入，打造一个和慧教师团队成为我校的首要任务之一。2006年寒假，我校组织为期三天的教师团康辅导培训活动。2007年至2019年6月，学校工会在每月的最后一周，定期组织全体教师开展教工趣味运动会以及"您乐我乐大家乐"团康活动。在一次次的团体辅导和团康活动的体验中，让老师的心灵得到涤荡，精神得到升华，他们日渐懂得换位思考，理解并支持他人工作，注重团结协作，营造了人际关系中文明、和谐的和乐氛围。

黄秀辉老师在团康活动中的感受：一个团队的成功，关键不在于"人才济济"，而是团结。这是本次学习实践给我的感受。或许是因为我们团队的队员较急躁的缘故，活动中讨论的时间往往占去了一大半。大家都急于解决问题，各执一词，各有各的主张，各有各的说法，于是争执到最后，整个团队便显得有点无所适从。我想，一个团队成功与否，关键在于是否有向心力，而向心力的形成，则需要一个能够合理调配人才、调节情绪、凝聚集体力量的领导核心。学校管理也是如此。大家需要调整的是团队合作的心态——饶有兴味，心平气和，在合作中避免急躁和冲动，在实践中消除空想和臆断，在团队中获得信任和理解。

谢从姣老师在团康活动中的感受：这次团康活动，每一个活动都给我启迪，尤其是上面介绍的两个游戏，让我终生难忘。在今后的工作和生活中，我要时刻提醒自己，换位思考他人的感受，更多地理解和宽容别人，更加友善地处理好与同事、家人、朋友之间的关系，为创建和谐社会尽一份力。

杨梅琴老师在团康活动中的感受：在活动中，我深切感受到团结、合作的重要性。在轻松、愉快的游戏中，给我留下深刻印象的活动是"重排页码"游戏。

通过这个游戏活动，使我明白：做好一件事，需要领导的统筹、中层的上传下达、下层的执行以及同事之间互相配合。同时，要懂得换位思考。一项工作，只有多沟通、多理解、多支持，才能合作愉快，身心健康，完成任务。

（三）教师的阅读素养

"最是书香能致远"，教师要多读书、读好书，以提高专业水平和人文素养。我把建立学习型组织作为促进教师专业发展、建设和慧教师团队的重要举措。具体做好四项工作：一是鼓励、指导教师阅读教育专著、教育专业的杂志和学生喜爱的书籍，如购买《大教学论》《教师的幸福人生与专业成长》《有一种心态叫放下（精华版）》《品德的力量》等书籍发给教师，要求教师利用假期及课余时间认真阅读，写读后感，同时也指导学生读书；二是更换学校图书管理系统，全面开放学校的教师阅览室和学生图书室，完善班级图书角的建设，鼓励教师最大限度地利用学校图书资源；三是充分营造阅读氛围，开设教师"心灵加油站"，鼓励教师通过书籍提升精神境界，让读书成为生活方式；四是引导教师将阅读书籍和自己的专业发展、教学实践相联系，培养思考习惯，促进自身专业成长。

（四）教师的师德素养

修德是成为"和慧"教师的前提。作为校长，我格外看重老师们的职业道德水平，所以，学校最先着手的就是师德、师风建设。师德教育是学校常抓不懈的工作，要提高学校教育教学水平就必须要有一支思想素质好、业务素质强的教师队伍。正人先正己，育人比教书更重要，知识的缺乏后天可以弥补，但一个人的道德观、人生观、世界观一旦形成，就很难再改变。所以，教师的责任绝不仅仅是教好书这么简单。

（1）教师要有责任心、爱心和奉献意识。徐特立说过，教师是有两种人格的，一种是"经师"（教学问），一种是"人师"（教做人）。教师的责任是为社会培养合格的社会主义接班人，为学校教书育人和培育人才，为学生传道、授业、解惑。教师要有爱心，有爱就有温暖，爱心是师生"和乐"的前提，有了师生的和乐，才有可能实现班级的和乐、学校的和乐；教师要热爱学生，诲人不倦；教师要有仁爱之心，坚持有教无类；教师要有豁达之心，鼓励学生青出于蓝而胜于蓝；教师要懂得在批评教育学生之后，做好安抚工作。师严而有爱，生敬而近之。以身作则，言传身教，产生"其身正，不令而行"的教育效果。教育是一项良心工程，是一项公益事业，因此，教师要有奉献意识。教师有了奉献意识，才能倾尽全力做好"经师"和"人师"的工作。

（2）教师要有体悟之心。教师要体谅家长的难处：工作繁忙，家教没有做好，教师尽可能多做"助家长一臂之力"之事；教师要体谅学校的难处：社会、家长高期望带来的高标准，必然导致学校严要求；教师还要体谅孩子的难处：天性好玩、好动、不定性、意志弱，需要教师"一把钥匙开一把锁"，对症下药，因材施教。

（3）教师要有人格魅力。高尚的师德，是教师的"灵魂"，让教师平添无穷的人格魅力。有爱的教育才是最好的教育。为了提高教师的师德修养和人文修养，营造人际关系的文明美、和谐美，我分别做了"学师德规范，做师德标兵"、"追寻快乐的自己"、"教师禁语"、"新学期，新征程，新作为"等专题讲座，组织题为"我看'范跑跑''杨不管'现象"、"如何看待新的教育环境下的家教现象"等教师论坛活动，组织"优化制度建设，培育行为文化"教师座谈会和"海珠区教师行为规范"、"海珠区教师职业道德规范"学习讨论活动，组织教师观看蔡礼旭主讲的《家和万事兴》VCD，组织教师到北师大参加专项培训，等等。

通过一系列的培训活动，我要求全体教师爱岗敬业、教书育人、为人师表、关爱每位学生，引导教师树立正确的学生观、教学观、质量观，以人格影响人格，以生命影响生命，努力成为学生的良师益友；引导教师调适心态，积极投身工作；懂得换位思考，理解并支持家长工作、同伴工作、领导工作；跳出教育看行业风气，顺应时代的要求，努力建设"和乐"科组文化、"和乐"制度文化，建设"和慧"教师团队，勇敢追求教师工作的幸福感。

意识决定行动。只有思考，才会产生意识，更新理念。因此，我特别重视教师培训感悟，要求参与培训的教师写下自己的学习心得，总结和提升自己的学习收获。在2015年寒假组织的教师培训中，参训的三十多位老师都撰写了学习心得。我安排了六场专题学习汇报活动，让参训的教师成为讲师，让分享感悟成为别开生面的一次次主题培训。有的老师侧重分享培训主题的实效性,有的侧重分享授课教授的教学风格,有的则分享对"育人"、对生命意义的理解,比照、反思、总结,分享活动精彩纷呈。

黄卫龙老师的培训学习感悟:2015年1月31日至2月6日,学校组织我们赴北京师范大学学习,我深感荣幸。搭建名校名教授学习平台,使我十分珍惜来之不易的学习机会。在有限的时间里,我们聆听了6位教授的精彩讲座。他们以鲜活的实例、丰富的知识、幽默的语言、独到的教育观念及精湛的理论阐述,深深地吸引着我们、感染着我们、引领着我们。让我们在解读自己的同时,深刻感悟新课改的发展方向和目标,进一步反思以往的教育教学工作,不断拓宽视野、更新教育观念。同时,我们参观考察了清华附小、芳草地国际学校的硬件、软件建设。对我来说,感受颇深,受益匪浅。与名师、专家面对面交流并聆听他们的教诲,教导我们要把教育当成自己的人生至高的追求,做一名勤于读书、善于学习、爱生如子、幸福阳光的教师。以下是我这次培训的一点体会。

(1)做一个阳光的教师。教师的工作是平凡的、琐碎的,但却肩负着育人的重任。要懂得从平凡的工作中去体验幸福,以愉悦的心情去面对学生,咀嚼幸福,体会快乐;应该学会爱自己,学会调节自己的心态;应该拥有积极的情绪,来宽容别人,善待自己;应该调整与学生相处的方式,将身心疲惫的自己释放出来,做一名幸福的老师。名师高金英的讲座《当班主任的艺术》,所举案例切合实际,使我们明白班主任工作的不易,以及提高班主任自身素质的重要。我感悟最深的一句话是:工作中要有阳光的味道,用生命影响生命,用尊重赢得尊重。马健教授的讲座《心灵光合作用》对教师的情绪管理起到莫大的帮助。他,爱自己,爱家庭,爱周围的朋友和陌生人。他说过一句话"在顺境中感恩,在逆境中依旧心存喜乐,关爱自己,善待他人,健康幸福活在当下"已成为我的生活信念。

(2)养成阅读习惯。作为一名教师,我们不仅要读教育教学方面的书,还要博览群书,要不断地给自己"充电"。在学习自身专业知识的同时,还要广泛涉及各种社会科学和自然科学知识,丰富自己的视野,不断地提升自身的修养和素质，从而更好地适应教育教学的需要，只有将学习与实际教学结合起来，才能探索出新的教育教学方法。

（3）真诚爱护学生。钱志亮教授讲授的《生命视野中的教育观》让我感受最深刻，教导我们明白一个道理：感激生存，敬畏生命！珍惜缘分，用心感动！倾心相助，引导生活！激发潜能，促进发展！

麦燕琼老师的感悟：此次学习我聆听了马健老师的《心灵光合作用》、北京广渠门中学高金英老师的《静下心来教书，潜下心来育人》、北京师范大学钱志亮老师的《生命视野中教育观》、北京师范大学楚江亭老师的《精制编码与学生培养》等讲座。听了各位专家的报告，感觉平日工作中的一些困惑豁然开朗了，让我深深地感到这是一次启迪智慧、终生难忘的学习之旅。

马健教授的报告《心理光合作用》，教我们从一个全新的角度去诠释教育的真谛、生活的本质。尤其让我回味无穷的是他的一段话：人生是一个来去匆匆的过程，认真活好每一个阶段，健康第一，活着就是幸福，一切随缘。让我对自己的人生状态有了更新的认识，也让我从心理学的角度审视我的工作与生活，尤其是反思我的教育行为。马教授报告中一些富含哲理的经典案例，使大家深受启发。老师们的幸福不仅仅来自工作，更来自生活。家人、朋友、闲情、雅趣是幸福生活不可或缺的。开朗、豁达的生活态度，自觉高雅的生活情趣很重要。有一种态度叫享受，有一种感觉叫幸福，学会面带微笑才能享受生活，懂得播种快乐才能收获幸福。送人玫瑰，手留余香。作为教师，带给学生幸福，其实自己也会幸福。所以，不要忽略我们自己的幸福感，那是我们生命继续的源泉；不要抱怨、等待，自己的幸福只有自己去创造！

北京广渠门中学宏志班高金英老师的讲座《静下心来教书，潜下心来育人》，教我们要与时俱进，用心学习，用心积累，用心赋予一个笑话于新的内涵也是一种学习，有底蕴的老师才有魅力！还教会了我们要有一颗随喜心，面对繁重的工作以及家庭所带来的压力，要学会调整自己的心态去化解，因为办法总比困难多，当我们无力改变环境的时候，我们就试着改变自己。有理想，有追求，踏踏实实做事，不断更新自己的知识储备，才能应对学生的好奇心和求知欲。教师必须要耐得住寂寞，沉下心来，去读一些书，一些有用的书。"一本好书，就是一个好老师！"博览群书，取之所长，为我所用。

钱志亮老师的《生命视野中教育观》，让老师们从深层次理解，有些事、有些人在生命产生的刹那就已经注定。有些事、有些人我们无法改变，但是，可以改变的是我们自己的心态，比如我们对学生的态度、教育方法以及我们的价值观。三点体会：

（1）要懂得享受课堂。课堂是教师生命最重要的舞台。一个懂得享受上课的人，课堂自然会成为其享受幸福的重要舞台，营造一个充满生命活力的课堂，和学生一起痛苦、一起欢乐，就会减少许多教学的焦虑和烦恼。

（2）要懂得享受学生。教师职业幸福感最重要的源泉一定是学生的成功和他们对你的真情回报。影响教师职业幸福感的许多不利因素可以从学生对教师的尊重、理解、感激中得到弥补。但要让学生感恩你，你就必须学会感恩学生、呵护学生、尊重学生，真正做到这点并不容易。如果你只知道权威，那也许你会离幸福更远。

（3）要懂得研究教学和职业规划。如果把教学工作看作是一种简单的重复劳动，那必然工作起来不带劲，更无幸福可言。对自己要合理定位，科学、合理、符合自己最近发展区，又不断提升目标，是自我价值实现的重要前提。不断地自我价值实现是人不断前进的不竭"内驱力"。

此外，我们还积极邀请校外专家到学校为全校教师作班主任工作专题培训，引导班主任注重工作细节，提升班主任决策和解决问题的能力。改进班主任的教育和管理行为，提升工作实效。支持教师外出参加有关德育、素质教育方面的培训、听课等学习活动，为班主任订购《小学班主任》杂志月刊等。通过"内培外引"等方式，努力提高教师的师德修养，拓宽他们的教育视野。

（五）"师爱"的行动研究

德高为师，师爱为魂。教师对学生思想和情感的影响价值是不言而喻的，教师的一言一行、一举一动，都将直接或间接影响学生心灵的成长。教师良好的思想品行将是教师伟大人格力量的体现。爱和责任是师德的双重表现。师爱是师德的根本，爱孩子，是师德最直观的表现。为此，我常常和老师们说："我们要把学生当作自己的孩子去教育、去呵护"。没有爱，就没有教育；没有责任,也不可能教书育人。面对一群自尊敏感、感情脆弱、人格特征不定型的孩子时,教师除了履行"传道授业解惑"的职责外,还必须付出我们无私的爱心、真实的情感。

了解学生心灵发育的特点,掌握有效的教育方式与艺术,教育才能防止伤害、避免无意伤害、根除有意伤害。在学生心灵成长的道路上,需要教师的辅助。教师对学生的帮助要得体,要会爱学生。爱是奉献,爱也是理解;爱可以通过满意传达,也可以通过不满意流露。作为教师,要学会体察学生心灵的裱画,学会附耳细说,学会正面暗示。我也时常以身作则,以"师爱"为主题,亲自展开相关的行动研究。

小梁(化名)是一名四年级的学生,学习习惯一般,成绩中下,性格比较内向、自卑、孤僻,与班上同学少交往,没有攻击行为。

他原本有一个幸福的家庭,爸爸开长途货车,妈妈打工,家里还有奶奶一起生活。在小梁读一年级那年,爸爸经不住外面的诱惑,搞起了婚外情,并在外面租了房子与第三者一起生活。小梁妈妈无奈之下与丈夫离了婚,孩子判给了爸爸。离婚第一年,小梁妈妈还跟孩子住在一起,所以小梁虽然学习成绩一般,但还算正常。第二年,婆婆把小梁妈妈赶出了家门,原本在广州无依无靠的小梁妈妈只得投奔外地的哥哥。自从妈妈走后,原本话就不多的小梁变得沉默寡言,更不愿与人交往。

到三年级下学期,小梁开始不愿意做笔记、不愿意做功课,甚至连抄写生字都不愿意动手。考试的时候全部交白卷。老师与他谈心,他光听不答,事后也无改善。单元阶段测试的时候,老师站在旁边督促他写,刚开始他还写几个字,老师一走开,他又停笔。为此,班主任来找我,希望我帮忙调教。

爱,是打开孩子心扉的最快捷方式。我先联系小梁妈妈,做通他妈妈的工作,与她分析对孩子发展前景的担忧,鼓励她负起抚养的责任,让她回到广州生活、工作,关心孩子、照顾孩子、引导孩子,让孩子感受母爱的温暖。接着,我经常关心小梁的生活,询问他的家庭情况,告知老师会想办法让她的妈妈回到他的身边,让他知道老师对他的关心。另外,建议妈妈带小梁到儿童医院检查,寻求专业指导,配合老师共同关心小梁的心理健康发展。

我经常与小梁沟通谈心,鼓励他接受现实,感受母亲伟大的爱,做个争气的孩子,尽自己所能学好。也与小梁妈妈谈心,鼓励她为了孩子的美好未来,负起责任,知难而上,尽到母亲的责任。

1. 我与小梁谈心

第一次——打开心扉

师:小梁,你跟谁一起住?

小梁:奶奶。

师:奶奶对你好吗?

小梁:(沉默)

师:妈妈呢?在哪里?

小梁:在清远。

师:你想妈妈吗?

小梁:想。

师:那老师帮你把妈妈找回来。妈妈回来后,你要听妈妈的话,好吗?

小梁:(点头)

……

第二次——接受现实

师:小梁,妈妈回来了,高兴吗?

小梁:(点头)

师:妈妈现在还没办法跟你住在一起,等她找到房子后,再把你接过去。爸爸有没有回来看你?

小梁:(摇头)

师:恨爸爸吗?

小梁:(点头)

师:生奶奶气吗?

小梁:(摇头)

师:爸爸是做错事,奶奶把妈妈赶出去也不对。但你是小孩,你还没办法去处理大人之间的事,你管好自己就是好孩子了。妈妈这次克服重重困难,坚持回广州打工,为的就是跟你在一起,你可要为妈妈争气呀。

小梁：（沉默，点头）

……

第三次——切入正题

师：小梁，现在听课表现有进步哦。但做作业还须努力，干嘛不肯动笔？

小梁：（不出声）

师：我知道，之前因为妈妈不在你身边，你不开心，影响学习也是正常的表现。可妈妈现在回来了，你还这样，妈妈会很难过的。你想妈妈伤心吗？

小梁：（摇头）

师：那就从今天开始，好好写作业，好吗？不懂我来教你。

小梁：好。

……

第四次——鼓励进步

师：小梁，这段时间，你学习比较主动了。虽然你的学习基础不是很扎实，但通过这段时间的努力，你的成绩进步了一点，要继续努力，别泄气。

小梁：好。

师：妈妈现在对你怎么样？

小梁：很好。

师：妈妈很伟大，每个月两千多元的工资要养你和你的外公，还要交租金，很了不起。你要帮妈妈和外公的忙，关心妈妈和外公，让他们开心。

小梁：我平时有帮妈妈洗碗。

师：你真懂事！继续努力，有问题、有困难就告诉老师。学习上还要继续努力，一点一点取得进步。平时，多跟妈妈、外公聊天，有空也给奶奶打电话，问候她。

小梁：（腼腆笑了一下，点头）

师：你现在要尽力学习，打好基础。将来做个有本事的人，照顾好妈妈，报答妈妈的养育之恩。平时要多开口讲话，让人家了解你，多交朋友。

……

2．我与小梁妈妈谈心

第一次——表示认同

和乐教育的行动研究

师：你的家庭情况我听说了一些，以我多年的教育经验判断，你的孩子现在可能有点自闭倾向，不爱学习，沉默寡言，老师很担忧。

小梁妈妈：遇上这样的丈夫，让我难过。有父亲不如没父亲，我们的事情对他影响很大。我现在自身生活都难保，没地方住，我真的没办法顾上孩子。

师：我能理解你的苦衷和处境。但孩子的父亲这么不负责任，奶奶又是这样的情况，真的会毁了孩子！孩子如果出现了问题，当妈的是会心痛的，最终还是会拖累你的。不如趁现在问题还不是很严重，你重新照顾和教育，孩子还有希望的。

小梁妈妈：这些我也想过，但真的很困难。我没有什么文化，户口又不在广州，找工都难。

师：你的困难确实很多，但孩子的成长等不得，等你有条件照顾了，孩子的教育就会错过黄金时期。你还是跟你的娘家人商量一下，再慎重考虑我的建议，好吗？

……

第二次——诚恳建议

师：感谢你对老师建议的采纳，你克服重重困难接纳孩子，孩子会懂得感恩的。

小梁妈妈：是的，在家里他开始有笑容了，也愿意说些话了，有时也帮我做点事。

师：学习略有进步，但还是不愿意写作业，话也不多。是否考虑带他到市儿童医院接受专业指导？年纪越小，越容易矫正。

小梁妈妈：可以，等我下个月发了工资，就带他去看看。

师：平时在家，要多联系生活情景与他聊天。一定注意不要在孩子面前说他爸爸、奶奶的坏话。另外，他在体育方面有些特长，多鼓励他运动，培养自信。经济上如果实在困难，可以跟老师说说。

小梁妈妈：好，感谢老师的关心和帮助，我一定尽全力配合学校把孩子教好。

像小梁这样离异家庭的孩子本来就很自卑，内心不安情绪很严重。如果父母不太注意处理关系，忽略孩子的感受，孩子原本性格就比较内向，就更加容易引起自闭症，性格变得孤僻和更加内向，甚至自暴自弃。面对这样的孩子，老师要做三件事：一是做好孩子的辅导，强化爱、理解与帮助。二是要做好父母的工作，起码保证一方负起照顾孩子的责任，尽可能给予他家的温暖，感受家人的爱与关心。同时，要尽可能维护好离异后的关系。三是要积极寻求权威医疗机构的专业治疗。爱心、耐心加恒心，三管齐下，才会有收效。

一年后，小梁在我和老师的关心和辅导下，在妈妈的照顾和陪伴下，在心理医生的开导和治疗下，脸上慢慢开始展现笑容，愿意与人交往、交谈；愿意做作业，上课状态良好，学习有所进步，眼神不再呆滞，流露童真；愿意参与体育活动，并展现特长，在体育节上竟然取得200米跑第三名的好成绩，同学们为他欢呼雀跃，这极大地增强了他的自信心。两年后，他顺利小学毕业，升入一所市一级中学继续学习。据他的妈妈反映，小梁除了性格还是稍微内向一点，学习成绩在C级左右，其他发展良好。

叶圣陶先生说过：没有爱，就没有教育。只有爱，才能打开孩子的心扉，尤其是存在特殊情况的孩子，更需要爱的阳光雨露滋润他们健康成长。

（六）"修能"的行动研究

教师的工作是培养人、塑造人的工作，既要向学生传授科学文化知识，又要培养学生的思想品德及良好和谐的个性，从而促进其全面发展。

教师的教育教学能力素质决定着教师能否在教育教学活动中获得成功。教师的教学能力素质包括对教材的分析与把握，对某一教材在学科知识体系中的地位和作用的认识，对学生认识水平、思想状况、个性心理特征的了解，以及对学生原生家庭、学生所处社会氛围进行客观科学的分析和判断，并据此提出自己的教育对策等。此外，任课教师或班主任教师还应具有敏锐的观察能力、缜密的分析判断能力、较强的组织能力、自我控制能力、良好的语言表达能力等。

为此，我校以教师个体的特色发展为本，以坚持多年的"和乐课堂的实践研究"为契机，搭平台、分批次推进教师培训，持续提升教师的专业能力。

1. 通过交流学习，促进班主任成长

学校的"和乐"来源于师生的"和乐"，师生的"和乐"又和班级的

"和乐"息息相关,班级的"和乐"则来源于学生的自觉性、自信心和荣誉感,学生的自觉性、自信心和荣誉感来自教师对他们的关爱、信任、尊重、鼓励和赞赏。为此,我十分重视对班主任团队的激励和促进,并实施有效的措施。

(1)定期进行班主任工作交流。我校每学期举办一至两次有关班主任工作的活动,内容包括:班级工作经验分享、家访工作经验分享和班主任工作艺术交流等。在轻松、愉快的活动氛围里,班主任敞开胸怀,畅所欲言,工作细节、感人故事如数家珍。

爱心与智慧并行
——我的班级管理体会①

教育好一个孩子需要老师的智慧;教育管理好一个班级需要一个班主任的智慧;教育好一群不太听话的孩子,则更需要班主任的智慧,需要班主任想尽一切有效办法,与孩子们"斗智斗勇",最终使他们信服。

刚接班时,课堂上有几个男生总喜欢随意发表意见,却从来不举手,有时甚至为一点小事大声起哄,其他学生则在一旁嬉笑和观察我的反映。为了让班级尽快安静下来,我选择了"先君子后小人"的做法。我耐着性子听完那几个男生的话,然后等大家情绪安定了,继续上课或者布置我的任务。

一个月下来,我大概认识了这几个"人物"。这类学生思维敏捷、反应快、毛病多,管不住自己却喜欢对他人评头论足,爱耍小聪明、好起哄,不服从管理,喜欢跟老师、班干部较劲,言行看似有理实则荒谬,属于"师爷型"。这类学生自我意识强,对道理似懂非懂,他们不缺关爱,大道理也听过不少,缺少的是适当的管教。班上若被这类学生主导舆论,往往会无中生有,小事化大,给班级管理带来影响。若一开始就跟他们针锋相对,估计难以让大众信服,倒不如先礼后兵,逐个击破。我按相应的情况给他们分了级别,优先处理"师爷型"学生周同学和潘同学。

---

① 此案例由彭继红老师撰写。

第三章　和乐的教师团队

有一次，我利用课间找潘同学说事，他话没说完，我就打断他，或故意找其他同学交待事情，把他晾在一边。反复几次，他生气了，撅着嘴。这时，我进入正题了："刚才我不停地打断你的话，有什么感受？"他说："不好受。"我说："平时在课堂上你不也是喜欢随意打断老师和同学发言吗？怎么样，这滋味不好受吧。"他这才明白我的用意，点了点头。看他这样，我也不多说什么，让他离开了。之后的课堂上，他随意说话的现象明显少了。每当他忍不住想插嘴时，我就立刻盯着他，他马上明白我的用意，忍住了。班上少了一个带头说话的人，其他人自然就安静了。一个学期下来，那几个爱耍嘴皮子的学生收敛了不少。课堂安静了，班内怪言论也少了。

在管理中，我并没有过多的条条框框，只是告诉学生，他们需要遵守的就是学校制定的各项规章制度。遵守规则是他们的义务，也是保证其享受更多合理权利与平等对待的前提。学会遵守规则，能得到双赢的理想结果。

我把校规印发给学生，利用晨会、午读时学习。每个月，不管是谁，只要能遵守校规，表现良好的，都选为当月的"和乐之星"，并在"海教通"上大力表扬；当有人违纪时，让其从校规中找出自己所违反的条例，一边反思一边抄一遍，然后再口头自我批评，加深印象。比如周同学第一学期多次违反午休纪律，我依照午休条例进行教育后通知家长。当他再犯时，我让其自行解决午休，反思其过。这个学期周同学再次申请回校午休，我同意了。有了第一次深刻的教训，他学会了服从管理，再没做过出格的事了。

惩罚的目的在于让他们明白，做错事情是要承担后果、付出代价的。经过一个学期的教育引导，本班的课间课堂纪律有了很大的改变。

班级管理需要爱心。俗话说，一把钥匙开一扇门。对待不同的学生，方法也应适当变换。尤其是对待有特殊情况的学生，更要用同理心，这才能让他感受到老师的尊重与关爱。

如班上的王同学，他来自单亲家庭，自小成长的环境复杂，被大人们当球踢来踢去。这类孩子往往感到孤独和无安全感。新接班时，他总是上课迟到，课堂上故意弄出声音。我想，也许这是他渴望得到大家注意的一种方式。我并没有像对待其他学生那样直白地指正，大声呵斥也只会换来他的白眼、抵触，起不到任何作用。于是，我每次都是轻轻敲打他的桌面，小声提醒，就不再多说了。几次之后他也觉得没意思，那些小毛病也渐渐少了。

为了更有效地对他进行教育和管理，我利用课间找他聊天，发现他从来不正眼看我，而且侧着身子，目光望着远处，似听非听的样子。有一次，就他午休纪律的问题我请了他的爷爷来谈话。在他爷爷来之前，王同学明显变得焦虑不安。在我和他爷爷谈话的过程中，王同学独自离得远远的，并且没有看过爷爷一眼。而他爷爷却不停地数落自己的儿子、孙子给自己带来了麻烦，让他晚年过得不开心。我观察到王同学脸色变得苍白，眼圈也红了。等他爷爷走了之后，我望着他，问："听说是你爷爷带大你的，为什么看都不看他一眼？"一直沉默的王同学爆发了："我为什么要尊重他，他从来不把我当孙子，就知道骂我，还说养只狗都好过养我，在他眼里我连狗都不如。我爸不好，不回家，不给他钱关我什么事，跟我说这些有什么用！谁让他养我啦……"我惊讶地看着他，怪不得他总是不正眼看大人，原来他没有从大人那得到尊重，他又怎么会尊重别人呢？实在想象不到这个孩子在生活中面对的是什么，也开始理解为什么他会变成这样。这些简单、粗暴而野蛮的家庭教育方式重重刺伤了孩子稚嫩的心灵，伤害了孩子的人格尊严和自信心，甚至给孩子一生留下了不可抹灭的阴影。

对于他的家庭现状，我无力改变。我想，他需要的不是同情心，而是同理心，在孤单、难过时，能有人站在他的角度去理解他、帮助他、提醒他。我告诉他："老师很想拉你一把，不过，希望在我伸出手时，你也把手伸出来。"说完，我把手伸到他面前，我不知道他是否听得懂，他犹豫地伸出了手，拍了一下我的手掌。

此后，在平时的教学当中，我适当地给他空间，平时有事没事和他闲聊几句，不管是堂上的练习还是家庭作业，只要他能主动完成，我都会大力表扬；课堂上他举手，我会马上请他发言。渐渐地，和他聊天时他会主动面向我，即使当众指出他的毛病，他也不会随便发脾气了。

在孩子的成长过程中，家庭教育不可忽视，只有合理地与家长联系，争取家长的配合，才能使家校合一，才能更好地教育好孩子。

在王同学的教育转变过程中，即使他的家庭很复杂，我也会同样想方设法争取家长的支持与配合。考虑到他的爸爸工作较忙，我会适当、合理地与他爸爸爸联系，一般的小毛病我不会向家长投诉，但涉及行为方面的，我要么短信联系家长，要么和家长面谈。

一个学期过去了，任课老师和同学们都感觉到王同学的变化：他意识到在集体中要约束自己，对学习也有了兴趣。课堂上能安静听课，能举手发表自己的见解，作业完成率提高了，语文的堂上练习、听写能按要求完成，课后有不懂的能主动请教。

教育不是一两天的事情，在今后的成长中，像他这样有特殊情况的学生，需要家庭、学校和社会给予更多的正面引导、理解与包容。作为老师，特别是班主任应主动承担起这份责任，让这部分学生的学习生活中也充满阳光。

结合自己的教育实践，我认为，优质的班级管理是一个由管理到自理的过程。一开始要舍得花时间去寻找问题的根源，不断地调整管理的力度，张弛有度，智慧与爱心并行。随着时间的推移，付出的努力总会有回报的。大多数学生能自愿服从管理，自觉遵守规则，养成良好的行为习惯，形成良好的班风学风，最终形成一个健康的和乐班级团队。在这个和乐班级团队中，大家各司其职，自然是双赢的局面。

（2）**评选校际正、副优秀班主任**。赤岗小学每学年让正、副班主任在教职工大会上简要汇报工作情况，以增进彼此了解，促进彼此学习。会后，由全校教师参与投票，选拔校级优秀班主任和校级优秀副班主任，然后从校级优秀班主任中选拔一两人参加市级优秀班主任的评选，以营造"你行我行大家都行"的互帮互助氛围。

（3）**强化班级常规管理**。赤岗小学每学年定期检查《班主任工作手册》，就工作中存在的问题在全校教师会议上进行剖析，并作班级文化建设方法指导。每个学期期末，全体行政人员负责检查学生评语，规范常规工作，从而不断提高教师班级常规、细节管理成效。多年来，学校班级管理取得优异成绩，其中，陈然副主任被评为"广东省南粤优秀教师"，杨桃英、舒长奕、黄秀辉、林有娟、李丽峰、彭继红、黄惠东等老师被评为"广州市优秀班主任"。彭继红老师、陈然主任曾在"湖北国培学科带头人小学影子教师班"上作过班级管理和名师成长经验介绍。

2. 通过"结对"指导，促进青年教师成长

青年教师的成长既影响他们的专业发展，又影响学校的未来发展。为了加强对青年教师的培养，促进青年教师专业成长，赤岗小学制定了"以自培为基地"的培训计划。这个计划是以青年教师与资深教师、骨干教师和学校管理层的教师"结对"的方式展开的，并作为一项常规的管理活动严格落实。首先，"结对"指导活动有两个要求：一是资深教师、骨干教师和学校管理层的教师应对青年教师的教育、教学和班级管理等方面的工作进行全面指导，并提供有关教学方法、教学技术、教学策略和教学科研方面的咨询，使青年教师从自身教学中获得反馈信息，及时进行自我分析与自我纠正；二是青年教师应积极主动地向资深教师、骨干教师和学校管理层的教师学习，以感受教育教学的全过程，获得成功经验。青年教师与资深教师、骨干教师和学校管理层的教师各展其长，互帮互学，优势互补。其次，"结对"指导活动试图从三方面培养青年教师：一是培养敬业爱岗、无私奉献的精神；二是掌握教学知识与技能；三是理解并践行"厚德传道"精神。最后，"结对"指导活动旨在使青年教师树立三种意识：一是学习意识，青年教师应懂得"生命因学习而精彩，事业因学习而成功"的道理；二是研究意识，青年教师要认真研究教材、运用教材，把教学和研究统一起来；三是发展意识，青年教师应在教育教学中不断超越自我，一步步走向成功。

3. 通过校本研训，促进骨干教师成长

骨干老师是推动学校发展的中坚力量，赤岗小学特别重视骨干教师的培养。首先，采取"专家指导"、"校长引领"、"课题驱动"、"同伴互助"和"个体自学"等方式进行校本"研训"。我多次邀请区、市中心教研组教研员来学校听课、评课，以帮助骨干教师解决教育教学、教师成长中存在的问题。其次，帮助骨干教师树立新的教育教学理念。如组织骨干教师到北京师范大学、西南师范大学进行教育教学专题培训学习。在专家的指导下，骨干教师的理论水平及"教科研"意识与能力有了质的飞跃。最后，为更多优秀的骨干教师争取机会，搭建平台，积极支持和推荐骨干老师到各兄弟学校推广赤岗小学"和乐教育"的课题研究成果。

在"和慧团队"的"修身、修德、修能"培训中，我坚持"研训"校本

化，引领教师拥有"海纳百川，有容乃大"的智者胸怀，并树立"教书育人"的责任意识，全面提高了教师的职业道德修养、教育专业技能和团队合作意识，建设了一个综合素质较强的"和慧团队"。

四、和乐的教师交往

教师是学校办学的主体，是校长办好学校的关键，是学校最丰富、最有潜力、最有生命力的资源。教师是学校人、财、物、时、空诸要素中最具能动性的核心要素。学校的办学目标和一切教育教学活动都要通过教师才能得以实现和完成。因此，在学校管理中，我强调"以师为本"的管理思想，把教师管理摆在首位。受先天因素和后天环境的影响，教师跟学生一样，也存在着能力、性格、情感、行为习惯等方面的个体差异，管理者应该尊重、理解教师的这种独特性。关注教师的个体心理，因人而异培养他们对职业的崇高情感，才能最大限度地调动广大教师的工作积极性和创造性，促进教师的自主发展和学校的长足发展。要在赤岗小学实践"和乐教育"，必须先实现教师队伍的"和乐"，才能探究和雅德育、创造和乐课堂、打造和美校园、培养雅慧学子。因此，我根据教师的个性和实际工作状态，实施个性化管理策略，与教师开展和乐交往。

（一）工作主动型老师

1. 个性表现

（1）有良好的职业精神。在赤岗小学，工作主动型的教师占绝大多数。他们具有坚定的职业信念，普遍有"三爱精神"。一是爱校如家，他们把学校当作是美丽的家园，把自己当成大家庭的一员，关心学校的发展，爱护学校的声誉，捍卫学校的尊严，积极主动为学校的管理和发展出谋献策。二是爱生如子，把爱学生作为自己的天职。因此，他们树立了良好的教育服务意识，与学生建立了平等、民主、和谐的师生关系；对学生充满爱，把自己的知识、爱心，毫无保留地奉献给学生，从不计较个人的得失。三是爱岗如命，他们不高谈教师的职业有多伟大、多高尚，但他们知道选择教师这一岗位，必须尽职尽责,像热爱自己的生命一样,完美地体现个体的社会价值,从中获得生存和精神的寄托。因此,在工作中,他们苦干巧干,毫无怨言,为学生和学校的发展而默默耕耘着。

(2) 有强烈的求知欲望。面对新时期新课改带给教育的机遇与挑战,工作主动型的教师重视自身的学习,知道要做一位称职或优秀的教师,靠吃老本无法适应新形势的要求,因此"学然后知不足,教然后知困"。他们乐于接受新的教育思想,接受新的教育观念,在日常工作中坚持孜孜不倦地学习,虚心向同行和书本求教,有着严谨的治学精神,对学校安排的教科研试验课、汇报课等研讨性活动,总是全身心地投入,并积极反思总结,自觉地提高自己的知识水平和职业技能,促进自身的专业化发展。

(3) 有很强的人格魅力。工作主动型的教师,大多数品行端正,处处注重为人师表,以身作则。他们不论做什么事情,都会严于律己,正确待人处事,对学生起着良好的示范性作用,深受家长的赞誉和学生的爱戴。在教师群体中,能自始至终坚持与同事精诚合作,从不计较个人得失,起到表率作用,深得领导的赏识和同行的好评。

2. 交往策略——知人善任,人尽其才

苏霍姆林斯基说:"在人的心灵深处,都有一种根深蒂固的东西,那就是需要。"层次需要理论认为,自我实现是最高层次的需要。工作主动型的教师最高层次的心理需要就是个体的能力得到培养、潜能得到开发、价值得到体现。因此,对此类型的教师,我尽一切可能为他们搭建锻炼能力和体验成功的平台,做到"任人唯贤,知人善任,人尽其才"。其一,慧眼识人才,贯彻公平、公正、公开的原则,对有能力、有威信或有潜力的教师,我委以重任,分别让他们担任级长、科组长、工会主席、团干部等职务,放手让他们学会独立处理事务,为学校管理出谋出力。其二,在业务学习方面,为他们创设发展的空间,定期组织他们外出听课学习,推荐参加区级以上的各类培训,聘请专家来校讲课,在业务比武活动(如评选优质课、开展教学科研活动)中让他们站在教学改革的最前沿,承担各项教科研试验任务,发挥学科带头人和教学骨干教师的先锋模范作用。其三,坚持多劳多得、绩优多得、责重多得的报酬分配原则。在学校评先评优中充分肯定此类老师取得的成绩,促进学校内部形成

"兢兢业业干事业，你追我赶争上游"的敬业进取氛围。

（二）工作被动型教师

1. 个性表现

这类型教师的基本心态是"不求有功，但求无过"。他们大多数自尊心比较强，性格比较内向，教书育人的职业意识比较强，但职业行为却有差距。他们虽然不太关心学校的长期发展，但对学校布置的各项任务也不会持反对意见，而是尽力配合做好。对待学生会尽到"短期教育"的职责，但不会完全"为孩子的一生发展"负责。在业务学习方面，能做到全程参与活动，但学习比较被动，不太愿意积极发言，不太乐于反思总结，容易满足或安于现有的水平，没有很强的忧患意识。他们即使有能力做好工作，也不想成为领头雁，不愿意发挥自己的专长，而只是力求完成好自己的本职工作，缺乏奋进的动力。他们没有积极的人生价值取向，不注重名利，表现欲弱。如在广播操比赛活动中，赛前这些老师不会为了"赛出好成绩"而像工作主动型的教师那样为体育科组或学校出谋献策，他们只是做到听广播依时到岗，按体育科组要求督促学生做好罢了。

2. 交往策略——情感沟通，拉近距离

此类教师多为中年教师，管理重点是抓情感式的思想教育工作，因为规章制度的约束对规矩办事的此类教师而言，发挥不了积极作用。俗话说"精诚所至，金石为开"。心理学研究表明，良好的情感有助于人形成积极的工作态度和增强工作动力。因此，我有意识地多与此类教师沟通，通过"拉家常"，多接触，多谈心，拉近心理距离，与他们建立友谊，产生感情。在大会小会上，我也有意识地充分肯定和尊重他们的劳动成果，除了表明学校的工作离不开他们所做出的一份努力外，还利用课余时间有意识地就学校管理中的某些要事（如福利奖金分配、教学研讨活动、校本培训等事项）征求他们的意见，鼓励他们参与学校的决策和管理，培养主人翁精神，使他们对学校产生归宿感和认同感。在评先评优、分配工作、子女上学和婚姻生活上，给予适当的关照和关心，让他们觉得领导同样很重视、关心自己，应该为学校多作贡献。

（三）工作难协调型教师

1. 个性表现

此类型的教师多数为年纪稍大的教师。他们由于年龄的因素和长期的劳累，身体大多不太好，在这个阶段已失却"冲锋陷阵"的动力和精力。因为年纪大，他们爱以"过来人"的身份自居，怀旧情结比较明显，不太容易与年轻人沟通，对行政的管理工作也总是保持自己的看法。看到优秀教师展示才华受到表扬，偶尔也会心态不平衡，不能正确评价自己和他人，比较看重名利。

2. 交往策略

工作协调较弱型的教师，我采取和风细雨式的情感教育，经常单独与他们谈心，关心他们的身体、生活，体谅他们工作上的心有余而力不足，尽量满足他们提出的合理要求，鼓励他们站好最后一班岗，做好青年教师的榜样。对工作不太协调的个别老教师，则冷处理。这类教师往往就某件事情小题大做，对学校的统一要求总是敷衍了事或不完全采纳。有人违反学校的规章制度，我会通过教代会集体商议解决，以集体舆论影响他们；有人喜欢说闲话，我也坚持"以静制动"，让对方孤掌难鸣，以使谣言随时间流逝。正如俗话说的"清者自清，浊者自浊"，也尽显自己的宽广胸怀。同时，我还坚持用"放大镜"发现这类老师的优点，并及时加以表扬和鼓励，引导他们努力做好本职工作，与人为善，利人利己，时刻保持为人师表的教师形象。

总之，我针对教师的个性差异施策交往，做到"知其人，用其长，展其能，暖其心，避其短，利其行"，以促进教师的自主发展和学校的长足发展，体现我"以人为本，尊重个性"的人文治校策略，让教师和乐成长。

五、和乐的科研管理

教育科研能培养校长和教师的问题研究意识，培养高效解决问题的能力，丰富行政管理经验和专业技能，有效促进校长和教师的专业成长。

2006年8月，在组织的安排下，我调动到赤岗小学。经历了在汇源大街

第三章 和乐的教师团队

小学初次课题研究成功的体验,我发挥教育管理的研究专长,于 2007 年 11 月立项了"十一五"(第一批)区级面上重点课题"和乐教育的研究",该课题第一阶段从"和乐德育"、"和乐课堂"、"和乐教师团队"、"和乐校园文化"四个板块进行研究,研究内容涉及学校管理的方方面面,研究目标立足于教师、学生、学校的共同发展,最终目的是促进学校实现内涵发展。该课题于 2010 年 6 月顺利结题。2013 年 4 月,我又申请并立项了广州市教育科学"十二五"(第二批)规划课题"'礼乐教学'的行动研究"。该课题于 2017 年 6 月顺利结题。在课题研究的 10 多年中,我采取如下科研策略,有序、有效地开展学校科研工作。

(一)立足校本,选好课题

教师是学校教育改革的主力军。教育要发展,培养专业化教师是根本。而培养专业化的教师队伍,教育科研是有效途径。

何谓"校本"？我认为,校本课题应来源于学校的教育教学或管理中的一些困惑问题,管理者应对此现象进行理性思考,然后通过理论联系实际,提炼出一个研究课题。在考虑校本课题时,应充分考虑本校办学目标是什么,本校师生的优势、劣势在哪里,学校有哪些可开发的资源,本校教育教学管理中有哪些现实困境,解决困境的瓶颈是什么,如何传承上一个课题的研究成果,等等。那么,这样选定出来的课题就比较有研究价值和现实意义。我在制订"十一五"区级面上重点课题"和乐教育的研究"时,就是基于如下几方面的思考,才最终定下"和乐"这个主题:①教育愿景——让每一个孩子都绽放独特的精彩,让孩子们全面、健康、快乐地成长。②由于二次分配遗留的一些思想问题,导致 2006 学年上学期学校内部干群关系比较紧张,需要圆融,营造一种宽松、信任、和谐、协作、谦和、礼让、互助的氛围。③虽然我校教师的整体素质较高,但由于中老年教师居多,因此,教师教态比较拘谨,课堂激励机制不够健全,两极分化较明显,部分学生参与学习活动不够积极,学习兴趣需加大力度培养,需要倡导教师"乐教",引导学生"乐学"。④学校上一个课题是"以科技教育为办学特色,培养学生创新素质",那么,学生的创新思维必须在"快乐学习"的前提下才有可能产生碰撞与交融的思维火花。⑤

和谐校园文化建设是创建和谐社会的基础。正是基于以上几点思考，赤岗小学的"十一五"（第一批）区级重点课题"和乐教育的研究"和广州市教育科学"十二五"规划（第二批）课题"'礼乐教学'的行动研究"得到参与论证会和评审会的专家的认同。

（二）明确"三赢"目标，激发教师参与研究的内驱力

教师是科研的生力军，教师们参与课题研究的热情程度是决定课题研究成败的关键因素之一。那么，如何激发他们的研究热情？我主要让教师们明白，开展校本课题研究，能够共创"三赢"局面。

1. 教育科研促进教师专业化发展

教育科研是实现教师专业化发展的重要途径。教师们参与课题研究，实际上是一个系统学习、培训、提高的过程。学校可以通过"校长负责，总体策划"、"课题驱动，研训结合"、"个体自主，同伴互助"、"专家指导，理论引领"、"分层管理，各司其职"这几个培训策略，帮助教师树立现代教育观念，提高理论素养、教学设计能力和实施能力。由于学校的选题背景立足于校本，因此，教师们参与的课题研究，也即教育教学中的实际问题，与教师自身的教育教学工作息息相关。为了解决实际问题，他们必然会去翻阅大量书籍，查找参考资料获取信息，这本身就是一种学习的过程。在专家的引领下，他们也会开始思考教育教学现象，慢慢学会深入浅出地利用教育教学理论指导自己的教育教学实践，有效地提高自身的理论水平、总结能力和反思能力，培养问题研究意识。如蒋英姿、张彩华、黄湘伟、肖丽琼、陈然、陈建明等老师，就在参与学校课题研究的过程中，申报和立项了教师专项课题。

2. 教育科研促进学生全面发展

在教育科研的过程中，学校的工作有一个整体的规划，如赤岗小学的"和乐教育的研究"，该课题在第二阶段深化研究的内容涉及"和乐课堂"、"和雅德育"、"和慧团队"、"和美校园"四个方面。从内容上说，无论是哪一方面的研究，立足点都是"一切以孩子为中心"。为了开展这些活动，各部门会想方设法制订切实可行的方案。方案实施的过程，就是学生参与实践和接受锻炼的过程。有实践才有思考，有思考才有创新；有锻炼才有提高，有提高才

有发展。另外，教师自身专业化的发展，也大大提高了课堂教学的有效性或活动组织的实效性，两者最终均让学生得益。

3. 教育科研推动学校良性发展

"科研促教，科研兴校。"学校要发展，必须有一支专业化的教师队伍。而培养专业化的教师队伍，教育科研是一条捷径。教师的专业得以发展，教育教学质量就一定会提高，学生素质也会提高，那么，办学效益自然就会水涨船高。另外，课题本身立足校本，是解决本校实际的教育教学或管理问题，通过科研，问题得到解决。那么，学校的办学质量、办学水平就能得到提升，推动了学校的良性发展。

（三）发挥教育科研在提升学校日常工作管理水平中的推动作用

1. 落实校长课题负责制度，提高管理成效

校长是学校的领导者、组织者和指导者。我非常重视科研工作，亲自抓课题，宏观调控协调学校的整体工作。把教研、科研和校本培训有机结合在一起，教师们就不觉得压力大，无所适从。同时，我把科研工作中涉及到的科研组人员的分工、实验教师队伍的建设、科研经费的投入、场室的安排等工作进行统筹安排，使学校计划得以整体体现，科研工作与其他工作有机地结合。

2. 建立培训激励管理制度，保证科研质量

没有规矩，不成方圆。制度保障是科研工作顺利开展的重要因素，因此，在课题研究过程中，我制订相关的科研制度，以保证科研活动的数量和质量。对一线的教师来说，刚开始进入课题研究状态是有点难，既要学习理论，又要参与试验课活动，还要经常总结交流等，任务重、压力大，这个时候就非常需要制度的约束，要求教师必须按照规定参与课题研究系列活动。但由于教师的价值观有差异，在市场经济大环境下，光有制度约束，没有物质奖励，就不能激发所有实验教师的积极性。因此，前两个学年，我设定实验教师奖励金，只要积极参与并按要求完成任务就有奖励。在群体的激励氛围中，实验教师们互相影响，久而久之，他们参与课题研究已经是"习惯成自然"的事了。但是，为了不造成"有钱就干"不良风气的滋生和教师认识上的偏差，后期我就把物质奖励改为以精神奖励为主，进行全校性论文的评比、个人成果的展示等等，让全体教师的工作热情得到保持。

3. 落实科研专家指导制度，发挥专业引领作用

专家是课题的引路人、指导者。他们对教育教学问题有独到的见解，对教育现象的分析和看法往往能给我们以启迪和引领。我校与科研专家保持密切的联系，从选题、开题、过程指导、实验成效分析等，我们均充分利用专家资源，虚心学习，主动向他们取经，学习科研方法和经验。我们定期向他们汇报科研计划的制订、课题开展的进度以及师生的表现和反映情况，定期请他们参与学校的科研活动，就教育教学突出问题做有针对性的专题讲座等，全程跟踪课题。所以，专家对我校课题的开展情况很了解，对课题研究指导的针对性、实效性都很强，使科研工作的开展很顺畅。

4. 规范科研骨干教师管理，发挥骨干带动作用

建设科研骨干队伍是学校顺利推进科研工作，达到预期研究目标的重要保证。他们要在课题研究中起积极带头作用，才能引领本科组教师积极参与实验活动。为此，我对身为课题核心组成员的科研组长要求非常明确，分工也很具体，从组织学习学校课题方案、学科子课题的制订、学科实验课的准备、听课、评课、总结等，都要求他们亲力亲为，率先垂范。在两个课题的研究中，赤岗小学共有语文、数学、英语、品德、体育、艺术、心理健康、信息科学八个学科和德育组、后勤组、人事组三个部门参与实验，教师参与率达100%。其中，语文、数学、英语、艺术、体育是重点研究学科。各子课题负责人各司其职，各负其责，把课题研究摆上科组或部门的重要议事日程，使课题研究工作有序进行。

（四）发挥教育科研在提高教育教学质量中的促进作用

1. "送出去请进来"，提高教师科研能力，促进教育教学质量提高

我想方设法利用一切机会，安排校级干部、中层干部、学科骨干教师分批、分期到全国各地观摩学习，组织全体教师参加团体辅导培训、科研骨干集训、子课题实验教师培训……让大家认识到科研促教、科研兴校的重要性，体会教师团体合作、和谐的重要意义和深远影响，理解课题研究精神，掌握课题研究方法，鼓励教师大胆尝试修正，不断提高教科研水平。

我还利用学区资源，邀请市名校长——陈小玲校长作《开展教师教学质量的自我管理，促进教师专业发展》讲座，引导教师制订自我发展规划，让教师懂得寻找"自我发展，提高专业水平和教学质量"的最佳途径。经过不断地学习、实践、交流、总结、反思、再尝试，一线教师的教科研能力得到了提高。13年来，赤岗小学共有11个课题立项，其中省级1项、市级5项（其中市教研院2项）、区级5项（其中区级教师专项4项）。各学科老师坚持学以致用，根据学科研究内容，边实践边反思边总结，推动课堂教学改革，逐渐提高课堂教学实效。

2. "教科研训一体化"，提高老师教研能力，促进教学质量提高

学校要长足发展，只是重视培养骨干教师是远远不够的。因此，我鼓励全体教师积极参加教科研活动，结合课题研究工作，把教研、科研、教师培训进行有机结合，努力提高科研活动的有效性，促进教育教学质量提高，以科研促教研，实现教研科研一体化。

学校建立"学校—年级组（学科组）—教师"三级教育科研网络，将"和乐教育"研究总课题分为若干个子课题，由学科组、年级组分别承担，子课题再分解为若干个子子课题，落实到每一位教师。学校科研组认真做好分层分类的指导工作，促使各学科教研达到三个层次：一是教学设计层次的教材教法研究；二是学科专业层次的专题研究；三是教学论层次的研究。在日常的教研活动中逐渐增大后两个层次研究的比重，从教学论的高度研究学科的教学问题，如学科教学的指导思想、学科教学的基本模式及其变式，又如学科教学的基本策略、学科教学中创造力的培养等，提高教研的层次和水平。

在新课程背景下，倡导教师的工作及思维由"经验型"向"学者型"和"科研型"转变，促进"质"的飞跃，形成新思想。为使教科研活动向更深层次发展，我采取"理论学习—专题研究—课例研讨—总结交流"等形式开展活动，努力提高教师的教科研能力。学校在组织教师进行理论学习的基础上，由各位实验教师根据子课题自选教学内容、自报上课时间，结合行政听课进行，要求人人必须在解决"课堂生动有趣"的共性问题上再升华，期末对实效性强的教学手段和新方法进行及时肯定和推广，同时指出问题和努力方向。结合区"海教杯"评比，进行学科一级、学校一级的校际子课题评比活动，要求所有实验教师参与，还鼓励各科组积极自报参赛课。评比结束后，邀请科研专家进行综合点评，引导各科组教师进行深入的交流和学习，促使教师实现从懂得"教什么，怎么教"发展到"教什么，怎么教，为什么这样教"的转变，一步步走上专业成长之路。

第四章　和乐的课程建设

　　和而不同，旨在教育学生博学多才，全面发展，多方面地汲取对自身成才有帮助的知识。教育教学是学校的根本任务，是学校内涵发展的根本所在。课程是学校教学活动的核心内容，在教育中处于重要地位，是实现和乐教育的重要途径和载体。教育的目标、价值主要通过课程来体现和实现。因此，学校以"雅慧并育，和乐共生"为办学理念，着力构建"和乐课程"体系，打造"和乐课堂"，让学生、老师、家长共同成长，缔造"和乐"学校。

一、和乐课程结构构建

　　为了更好地使学生得到全面发展，学校努力创建与"和乐教育"特色相适应的课程体系，即以"和乐课堂"为核心的学科性课程、以"和雅德育"为基础的活动性课程、以"和美校园"为中心的环境性课程，三位并行凝聚"和乐"亮点（表4.1）。

表4.1　和乐教育特色课程内容安排

类别	项目	课程内容	时间安排
以"和乐课堂"为核心的学科性课程	基础性课程	以广州市"十二五"教育科研规划面上课题"'礼乐教学'的行动研究"为突破口的"和乐课堂"：1. 品德；2. 语文；3. 数学；4. 英语；5. 科学；6. 体育；7. 美术；8. 音乐；9. 信息技术；10. 综合实践	执行国家课时计划

(续上表)

类别	项目	课程内容	时间安排
以"和乐课堂"为核心的学科性课程	拓展性课程（校本课程）	"科技与创新"	综合实践课、科学课进行
		"和乐之行"	每月2次，利用班会进行
		"小故事明道理"	每逢周三午会进行
		"经典诵读"	每逢周一午会进行，设立"经典诵读小考官"进行班级测评
		"快乐习字"	每逢周四午会进行，由各班习字小主持自己主持
		"英语视与听"	每逢周五午会进行
以"和雅德育"为基础的活动性课程	和雅德育	"养成教育"	1. 利用"三会"进行 2. 利用传统节日进行 3. 利用日常训练 4. 结合社会实践活动进行
		"爱心教育"	
	和乐社团课程	诗歌创作社、英语口语、戏剧社、数学思维训练社、合唱社、竖笛社、舞蹈社、硬笔书法社、软笔书法社、小画家社、毽球社、羽毛球社、马拉松社、跳绳社、生物与环境探索社、航海社、电子制作社、建筑模型社、电脑创作社、礼仪服务社、串珠社、手工编织社、剪纸社、小主持人社、鼓号队社、小记者社、诵读社等	学生自愿选择参加，逢周二2：15～3：10
	和乐四节	和乐科技节	3～4月
		和乐艺术节	5～6月
		和乐体育节	9～10月
		和乐读书节	11～12月
	社会实践活动	寻找秋实硕果（秋游）	第一学期
		感受春韵气息（春游）	第二学期
		1. "爱心小队"手拉手活动 2. "与社工哥哥姐姐共成长"的社会实践活动	课余时间

（续上表）

类别	项目	课程内容	时间安排
以"和美校园"为中心的环境性课程	校园十景	1. 和乐文化墙（正门雕塑） 2. 和乐竹简（一楼雕塑） 3. 和乐读书苑（一楼前厅） 4. 和乐休憩苑（中庭花园） 5. 和乐科技苑（古今科技文化、车模海模海洋文化） 6. 和乐舞台（大操场北面） 7. 和乐艺术苑 8. 和乐体育苑（大操场南） 9. 创意科教模型室（二楼特色活动室） 10. 雅慧堂（三楼特色活动室）	
	其他	创建"书香校园"，评选"读书小博士"，出版《和乐赤小》校刊和每两年编辑出版一册学生作文集，如《脸谱》《吟唱》《韵白》等，多形式、多途径推动学校形成厚重的和乐校园文化和清新的校园文明风尚	

（一）构建以"和乐课堂"为核心的学科性课程

1. 以课题研究驱动学科基础性课程建设

学校采取"理论学习—专题研究—课例研讨—总结交流"等形式开展活动，提高教师的教科研能力，并尝试以课题驱动，促进国家规定的课程校本化。2007年11月起，赤岗小学进行区级重点课题"和乐教育的研究"，建立子课题"和乐课堂的实践研究"，开始尝试开展特色学科建设，并在各科教学中有效渗透特色教育内容。2010年11月，为继续深化教学改革，我校成功申报重点课题"和乐课堂的行动研究"，建立了语文、数学、英语等学科子课题，形成"和乐课堂"教学特色。在深化"和乐课堂"研究的基础上，学校于2013年4月立项了市级课题"'礼乐教学'的行动研究"，凸显和乐课堂的"三特征"——兴发、体验、主见，强调教学的社会背景和生活空间，强调学生的亲身感受和主动表达,强调教师的实践组织,形成动态生成的有效课堂。

2. 以校本课程推动学科拓展性课程建设

"和乐教育"关注人的全面发展,而丰富多样的课程能更好地发展人的个性,校本课程在满足学生的兴趣需要,发展学生的个性特长,体现学校的办学特色上,有着十分重要的意义。全校开展的校本课程有"科技与创新"(通过综合实践课、科学课进行)、"小故事明道理"(每月2次,班会或周三午会进行)、"经典诵读"(逢周一午会进行,设立"经典诵读小考官",进行各班测评)、"快乐习字"(逢周四午会进行)、"英语视与听"(逢周五午会进行)。我校还组织编撰了《小故事明道理》《科技与创新》等根植于学校的校本课程,分年级实施校本课程计划,建立评价制度,鼓励学生成立探究性学习小组,构建探究性学习方式。学校课程研发小组用3年时间先后编写了《和乐之行三部曲》和雅德育校本课程之《孝行天下》《乐行天下》《仁行天下》,引导学生诵读经典,懂礼知仪,追求优雅,共享和乐。

(二)构建以"和雅德育"为基础的活动性课程

"和乐教育"以多元的德育活动为轴心,不断创新德育形式,构建显性和隐性的活动课程,培养"举止、谈吐、气质优雅,能做到与他人、与家庭、与社会、与自然和谐相处"的雅慧学子。

1. 推行"养成教育",塑造"优雅行为"

在赤岗小学开展"和乐之星"评比,旨在唤醒学生的自我约束意识,形成"自律"的习惯追求,从而学会自己约束、管理和奖励自己,追求优秀,并从优秀逐步走向"优雅";开展"和乐班级文化"建设,培养相互激励意识,每学期分别定期组织以"和乐"为主题(如"书香伴我行"等)的最美班级评选等活动,形成"相互激励,共谋发展"的习惯追求;落实"和雅德育"主题班会、级会和校会,让学生学会讲文明、守规则、懂尊重、善合作、敢担当与会感恩,唤起学生的公民意识,形成基本的行为习惯和责任感,从而引导学生学会优雅地生活。

2. 推行"爱心教育",培育"和善心灵"

善良,是人最高贵的品质之一。学校将培养学生的"和善心灵"作为和雅德育的目标,让"和善心灵"成为学生将来立足社会的精神源泉。为此,我校围绕"五爱"(爱老师、爱朋友、爱父母、爱祖国、爱自然)教育,在学校、家庭、社区中开展了一系列的"爱心教育"行动研究:给传统节日注入新元素,培养学生对老师、朋友、父母、祖国和自然的热爱之情、感恩之心;在寒暑假开展"感恩十星""温馨一家"等系列活动;鼓励学生融入社会,建立"小水滴"爱心特色小队,为贫困山区、弱势家庭送温暖;组织学生进行社会实践、社区服务、研究性学习等综合实践活动,彰显"和乐"特色。在参加活动之后,学生撰写活动感悟,总结在活动中的收获和感受,进一步强化认知,体验"善良"的可贵。

五年(3)班崔欣桐同学在参加"庆祝母亲节"后的感言:世上有千种爱,只有母爱是最伟大的,世上有万般情,只有亲情最永恒。母亲对我的爱是世间最伟大、最无私、最珍贵、最永恒的爱,使我永远也无法忘怀。

记得有一个母亲曾经这么说过:"我为什么生孩子?生孩子很痛苦、很艰难,甚至会失去宝贵的生命,但我从不后悔。父母对子女的爱是世间最无私的,生他们出来不是为了什么目的,只是为了参与一个生命的成长,感恩能陪他们走过一段路,度过一段美好的时光,期待着他第一声喊'妈妈'。孩子不用替我争门面,不用为我传宗接代,更不用帮我养老。我只要这个生命存在,在这个美丽的世界走一趟,让我有机会和他同行一段。宝宝,妈妈爱你哦!"这段话,让我深受感动,对每个人而言,生孩子的意义也许各不相同,但相同的是母亲对孩子的那份爱,一样浓烈而无私。

此时此刻,我不由自主地看着母亲,顿时愣住了:那佝偻的脊背,是为我弯曲的;那疲惫的神情,是为我留下的;还有那一双龟裂的手,也是为了我的生活而操劳的;母亲以往平滑的额头上竟出现了水痕一样的皱纹,一条一条地映了出来。泪水充满了我的眼眶,在瑟瑟的寒风下,我呆住了,站了很久很久……

"母亲",多么伟大的称号!您的笑容鼓舞我战胜困难,您的眼神,是女儿心里的依靠。我对母亲的感激无以言表,只能说句:"母亲,您辛苦了!"

3. 推行志愿服务活动，强化服务意识

学校推行开展学生志愿服务活动，目的是让学生建立服务他人、服务社会的意识。赤岗小学推行的志愿服务形式多样，内容丰富，而且突出学生的参与性与实践性，努力做到活动有特色。这些活动的开展为孩子的个性成长搭建了平台，有利于发现、挖掘学生的潜能，满足学生全面发展和个性化需求。如阅报志愿社，一群喜欢文学、绘画、爱阅读的孩子聚在一起，在海选中剪出一篇篇有新闻价值、有时事价值以及孩子们感兴趣话题的文章，并通过图文并茂的方式展示在版报栏上，这既是学生特长的展现，也是促进孩子深度思维，关注时事新闻或社会热点的重要平台。每学年学校通过组织开展这样的"我参与，我服务，我成长"学生志愿服务活动，增强了学生的责任感和使命感，在校园内形成一种"你帮我助，携手共进"的风气，为传播文明，构建和美校园奠定基础。

4. 推行职业理想启蒙教育，助力学生发展

和乐教育以人的发展为出发点。从本校的实际情况出发，赤岗小学开展职业理想启蒙教育。一是通过家校结合，充分利用家长资源，请家长来当孩子们的老师。学校教育部门通过提前预约家长、提供讲座提纲、反复沟通讲稿等方式，认真组织职业理想教育活动，力求每次的家长讲座主题都能吸引孩子们的眼球，开阔孩子们的视野。二是结合品德课、综合课等学科课程，进行职业教育。三是鼓励学生与家长开展社会实践，体验职业特点，如参观电台、广州日报报业中心、益力多工厂，到星期八小镇进行职业体验，到丰华园农庄体验农业生产等，这对学生了解各种职业、发现自身兴趣、树立远大理想、助力学生多元发展，有着重要的指导作用。

5. 推行各类特色实践活动，提升综合素养

学校积极开展和乐特色活动，包括和乐社团、社会实践活动以及各类综合实践活动，以满足学生的个体需要，尊重学生的爱好，发挥学生的特长，激发学生学习的积极性和主动性，有效地培养和发展学生解决问题的能力。学校还鼓励学生走出教室、走向社会、走向大自然，接受更广阔的教育，让学生成为身心健康、热爱生活的人。每学期组织学生出游一次，上学期组织名为"寻找秋实硕果"的秋游活动，下学期组织名为"感受春韵气息"的春游活动。

并结合我校特色小队——"爱心小队",开展各式各样的手拉手活动,向"千校扶千校"的拉手学校——韶关重阳学校的学生和贫困山区学生捐钱捐物,慰问社区孤寡老人,向单亲家庭"中秋献爱心"等,培育和善心灵。借"与社工哥哥姐姐共成长"的契机,学生深入社区、走向社会。

6. 凸显"和乐四节"特色,提高综合素质

为了孕育和乐精神,学校有目的、有计划地举办了丰富多彩、积极向上的"和乐四节"特色活动。在春季举办以"科幻共探,你我分享"、"科技·梦想·同乐"等为主题的"和乐科技节",培养学生的动手能力、创造能力、合作意识和团队精神;在夏季举办以"舞炫金色童年,唱响和乐新章"、"瀚墨瀚丹青,诗画童年"等为主题的"和乐艺术节",培养师生的自信心、艺术素养和审美情操,学会欣赏美、表现美、创造美,特长得到发挥,个性得到张扬,团队精神得到培养;在秋季举办以"主动参与强身体,快乐同享展风采"、"健将齐心赛风采,师生协力聚满园"等为主题的"和乐体育节",提高全校师生强身健体的意识,培养学生奋勇拼搏和团队合作的精神;在冬季举办"悦读经典,浸润和美"、"书香飘满和乐园"等主题鲜明的"和乐读书节",《延安,我把你追寻》带我们回到了烽火连天的战争年代,《友谊天长地久》让我们感动于友情的可贵,《中华经典诗词诵读》让我们陶醉在经典中,《说好普通话》让人忍俊不禁……各具特色、异彩纷呈的节目凝聚了老师和同学们的心血,展现了赤岗小学"雅慧学子"的风采,激发师生的读书热情,提升师生的读书质量,逐步培养师生"腹有诗书气自华"的优雅气质。多形式、多途径推动学校形成厚重的和乐文化和清新的校园文明风尚,使学生在日常学习生活中接受良好文化的熏陶和文明风尚的感染,在浓郁的校园人文环境中陶冶和乐性情,促进学生全面、健康、和谐地成长。

7. 以"和乐社团"为载体,丰富学生课余生活

"和乐教育"关注人的差异发展,而喜闻乐见、丰富多样的活动能更好地发展人的个性。特色社团活动课程在满足学生的兴趣需要、发展学生的个性特长、体现学校的办学特色上,有着十分重要的意义。

为培育"体魄强健,行为优雅,性格开朗,心地善良,乐思善学"的雅慧学子,学校通过创建"和乐社团"和开发校本课程,创设学生自主选择、自主发展、自主管理的平台，全体学生自愿报名参加自己喜欢的社团，活动形式多样，满足学生的兴趣和需要，发展学生的个性特长，每逢周二下午第一节课进行活动。学校开设有毽球、马拉松、羽毛球、武术、礼仪、仪仗队、合唱、竖笛、舞蹈、绘画、摄影、信息技术、无线电测向、科学实验、航海模型、车模、建模、动植物观察、观鸟、硬笔书法、软笔书法、团康、语言艺术、英语话剧、外教口语、数学思维训练、英语口语交际等34个社团课程。

8. 丰富特色项目课程，促进学生特长发展。

赤岗小学努力践行特色项目个性化，取得了卓越的成效。学校被评为广州市第一批科技特色项目学校、广州市毽球传统项目学校、广州市"科技体育传统校"，还衍生了几个突出项目课程。

（1）生物与环境科学实践课程。这个项目既是广州市立项的科技特色项目，也是海珠区立项的科技特色重点培养项目，主要是通过开展多样化的科技活动，激发学生学科学、爱科学、用科学的热情，培养学生科学的思维方法、良好的学习习惯和强烈的求知欲望，使学生能主动学习、敢于创新。科技活动主要有科学观察活动、科技制作活动、小发明小创造活动、饲养和种植活动、科技采集活动、科技节活动、科技阵地活动、科技文艺活动、科技竞赛活动、科技夏令营等项目。这些活动的组织和管理在学校逐步形成制度。教师运用现代教育科学和技术改进课堂教学，充分利用课堂教学的主阵地作用，对学生进行科普教育、现代科技知识教育和环境教育。

（2）航海模型课程。航海模型是海珠区立项的科技特色重点培养项目。学校开展航模训练，激发学生的科技兴趣，培养学生的思维方法和操作水平。在长期的训练以及比赛中，学校已积累一定的经验，尤其是拼装技术，一直是学校的强项。学校还培养了一批优秀的科技辅导员，他们带领学生在各类比赛中获得优异的成绩。

（3）毽球课程。毽球是赤岗小学获广州市立项的体育传统项目，多次在市、区竞赛中取得优异的成绩。学校有183米环形跑道一个，室外毽球训练场三个，校园环境优美，受风影响较小，非常有利于毽球运动的开展。2014年在区"十二五"规划课题中立项的教师专项课题"小学毽球特色项目建设的实践研究"，对毽球运动的价值和毽球文化的深层内涵进行了挖掘，提炼出毽球运动文化，与学校"和乐教育"文化进行有机融合，逐步实现学校更具毽球特色、教师更具毽球特点、学生更具毽球特长的目标，促进了学生综合素质发展与教师专业成长，进而使学校的品牌更具特色。

（4）美术课程。美术是学校获海珠区立项的特色重点培养项目。学校坚持以美术特色项目开展相关的主题活动，开发学生的潜能，提高学生的审美素养，发展学生的想象力和创造力，培养学生的实践能力和创新能力。教师运用课堂和课外的时间对学生进行培训，以及积极参加各类竞赛，获得了国家级、省级奖项等不俗的成绩。

（三）构建以"和美校园"为中心的环境性课程

1. 建设"十大"特色景观

学校通过创设优美、雅致的和乐文化氛围，建设体现"和乐教育"办学特色的十大校园景观，包括"和乐文化墙"、"和乐书简"、"和乐读书苑"、"和乐休憩苑"、"和乐科技苑"等，做到和美校园"三美化"：文化标识物象化、环境布置主题化、校园氛围诗意化，充分发挥校园景观的育人作用。学校精心布置校园环境，精心设计"和乐"校园宣传文化，充分发挥环境的无声陶冶作用。

2. 建设书香校园

学校通过创建书香校园活动，评选"读书小博士"，出版《赤小在线》《和乐赤小》校刊和每两年编辑出版一册的学生作文集，如《脸谱》《吟唱》《韵白》等，多形式、多途径推动学校形成厚重的和乐校园文化和清新的校园文明风尚，使学生在日常的学习生活中接受和乐文化的熏陶和文明风尚的感染，在良好的校园人文环境中陶冶和乐性情，促进他们全面、健康地成长。

二、和乐课程资源开发

再好的课程如果没有课程资源的广泛支持，也很难变成实际的教育成果。课程资源是指根据课程活动需要，为课程活动的顺利进行提供的一切设备和材料，包括一切校内、校外的自然资源和社会资源，具体包括用来进行和乐课程教学的物力、财力、人力、师生关系等要素。我校积极开发多种课程资源，为和乐课程实施提供丰富的素材和充足的条件，以促进学生个性的全面发展。

（一）人力资源开发

教师是最重要的课程资源。学校采用"双线模式"，一方面，在本校通过培养和实践，组建了一支专业素质高的教师骨干团队，以科组骨干教师为核心，鼓励教师根据自身专长，自报喜欢且胜任教学的社团课程当指导老师。另一方面，学校充分利用校外专业教师资源，如针对个别专业性很强的社团，特别外聘专业教师进行教学和指导。同时，学校充分利用知名校友、专家、学者资源，充分借力社会资源为学生提供社会实践机会，合理开发和有效整合利用各种校内外课程资源，为学校课程的实施开展提供充分的理论指引和支撑（见表4.2）。

表4.2　和乐课程人力资源开发

姓名	教师简介	担任课程	备注
刘婵兴	小学英语高级教师，本科学历，市区英语竞赛优秀辅导老师、英语科组长	英语戏剧	本校教师
蒋英姿	小学数学高级教师，本科学历，省骨干教师培训班学员、数学奥林匹克教练	数学思维训练	本校教师
陈亮	小学数学高级教师，本科学历，数学奥林匹克教练	数学思维训练	本校教师
张彩华	小学数学高级教师，本科学历，数学科组长、数学奥林匹克教练	数学思维训练	本校教师
蔡佳娜	小学音乐高级教师，星海音乐学院本科学历，区中心组成员、音乐科组长	小组合唱	本校教师
周红莹	小学音乐高级教师，本科学历，资深音乐教师	竖笛	本校教师
李玮	小学语文高级教师，资深舞蹈教师。擅长儿童舞蹈、儿童表演剧的编导和指导	舞蹈	本校教师
彭育聪	小学语文一级教师，本科学历，优秀辅导老师。业余书法爱好者	硬笔书法	本校教师

第四章 和乐的课程建设

（续上表）

姓名	教师简介	担任课程	备注
彭继红	小学语文高级教师，本科学历，市优秀班主任。业余书法爱好者	书法	本校教师
谭遇青	小学美术高级教师，本科学历，优秀辅导教师。指导学生参加各类画画比赛多次获国家级、省、市、区奖项	小画家	本校教师
黄湘伟	小学一级教师，本科学历，毽球优秀指导老师。擅长武术，喜欢羽毛球和篮球	毽球	本校教师
吴 聂	小学体育高级教师，本科学历，体育科组长。专长羽毛球	羽毛球	本校教师
姚再杰	小学体育高级教师，本科学历，一级田径裁判员	马拉松	本校教师
钟素文	小学语文高级教师，本科学历。专长篮球、跳绳	跳绳	本校教师
慕瑞华	小学科学一级教师，本科学历，科学与信息技术科组长、优秀科技辅导员、广东科普教育专家团成员	建模、航模、创意科教模型	本校教师
陈建明	小学科学高级教师，本科学历。多次组织学生开展电子制作等科技活动，曾获市青少年科技体育教育工作先进个人称号	电子制作	本校教师
袁志克	计算机小学高级教师，本科学历。具有较强的计算机信息技术专业技能和丰富的教学经验，组织学生参加竞赛多次获省、市、区奖项	电脑创作	本校教师
胡海燕	小学语文高级教师，本科学历，级长、广州市优秀班主任	礼仪服务	本校教师
邓焕燕	小学语文高级教师，本科学历，海珠区优秀少先队辅导员	剪纸	本校教师
杨桃英	小学语文高级教师，本科学历，级长、广州市优秀班主任。擅长编织	编织	本校教师
林秋玉	小学品德高级老师，本科学历，校长、书记	礼仪服务	本校教师
高小兰	小学英语高级老师，研究生学历，副校长	礼仪服务	本校教师
罗 奋	小学语文高级教师，大专学历。擅长剪、折纸	剪纸	本校教师

（续上表）

姓名	教师简介	担任课程	备注
黄卫华	小学语文高级教师，本科学历，校优秀班主任。组织学生参赛经典诵读，获市、区奖项	小主持	本校教师
林有娟	小学语文高级教师，本科学历，语文科组长、区中心组成员。组织学生参赛经典诵读，获市、区奖项	小主持	本校教师
樊海燕	小学语文高级教师，本科学历，语文科组长。组织学生参赛经典诵读，获市、区奖项	小记者	本校教师
陈素玲	小学语文高级教师，本科学历，区优秀辅导员	鼓号队	本校教师
秦光明	资深书法教师。曾指导学生参加书法大赛，多次获奖	书法	外聘教师
陈建成	资深书法教师。曾指导学生参加书法大赛，多次获奖	书法	外聘教师
林锦卿	毕业于广州美术学院国画系。曾指导学生参加各类画画比赛获奖	国画	外聘教师
朱文珠	民间手工艺人，擅长手工制作	串珠	外聘教师
何原斌	海珠区体校羽毛球教练	羽毛球	外聘教师

（二）校本课程开发

和乐教育将校本课程学习纳入学校课程。多年来，赤岗小学根据和乐课程体系不断探索开发相应校本课程，包括已印刷成册的《科技与创新》《小故事明道理》，专为诵读社选用的《笠翁对韵》，德育校本课程《和乐之行》之《乐行天下》《孝行天下》《仁行天下》等。

（三）学生社团课程开发

学校共开设34个和乐社团，包括诗歌创作社、英语口语、戏剧社、数学思维训练社、合唱社、竖笛社、舞蹈社、硬笔书法社、软笔书法社、小画家社、毽球社、羽毛球社、马拉松社、跳绳社、生物与环境探索社、航海社、电子制作社、建筑模型社、电脑创作社、礼仪服务社、串珠社、手工编织社、剪纸社、小主持人社、鼓号队社、小记者社、诵读社等,学生可自主选择课程报名参加。学生社团积极参与校内外的各项活动,有力促进了学生的个性发展。学生社团在丰富学生课余生活的同时,也显性地改变着学生的思维方式、学习方式、处事方式,在平时的活动和比赛中培养了自己的兴趣爱好,激发了不同个性的发展。

缤纷和乐社团,才艺之花开放①

伴随着周二午读的下课铃声,赤岗小学校园里瞬间沸腾起来,到处是我们同学的欢声笑语,因为期待已久的和乐社团开课了!

听!百灵鸟般的和声,带领我们进入美妙的世界,这是我们的合唱社;看!小小画笔勾勒出五彩缤纷的新世界,这是我们的小画家社;还有手工社千奇百怪的创意纸模;小孩子们在象棋的世界里博弈;操场上孩子们追逐毽球的快乐和跳绳的快感;教室里师生们谈古论今的诵读声……

我们走进班级社团看看:七巧板社,只需一盘简单的七巧板,就能拼凑出来自孩子们灵感的创意;武术社,孩子们流下的汗珠,呈现出他们内心对中国武术的喜爱;折纸社,只需手上的一张张彩纸,一个个栩栩如生的小动物就会在孩子们手中魔术般地变幻出来;彩铅社,一笔一画就把生活的小物件重现在画纸上……

和乐社团活动得到了学生们的热烈欢迎,社团活动让我们找到了自信、培养了爱好,发展了特长,逐渐让我们从参与中体验到了成功与幸福感。

七巧板创意制作竞赛②

2018年11月3日上午,天公作美,天气晴朗,同学们在张彩华、蒋英姿、谢从姣三位老师的带领下,兴高采烈、信心满满地来到广州市番禺富丽小学,参加由广东省科普中心、广东省科学技术协会关心下一代工作委员会联合主办的第五届广东省青少年七巧板创意制作竞赛。

---

① 摘自2017学年赤岗小学和乐社团开课简讯。
② 摘自赤岗小学参加第五届广东省青少年七巧板创意制作竞赛花絮。

本次七巧板比赛分个人赛和团体赛。个人赛为创意七巧板、创意美画版"组合分解与创新"思维拓展及简笔创作画竞赛,在 90 分钟内独立完成。团体赛围绕主题"厉害了,我的祖国",结合美术形式绘画,用创意七巧板 10 副以上,配合创意美画板,添加合适的图案、背景等进行创作,在 120 分钟内完成。

比赛开始,同学们马上进入状态,认真对待。参加团体赛的同学们也积极地分工合作,配合紧密,有条不紊地进行创作。大家动脑动手,创意无限,一张张美丽的画在同学们的巧手中诞生!

三、和乐课程评价标准

发展学生核心素养,促进学生全面发展,是当前课程评价的时代追求,是课程改革和实施的风向标。因此,为使校本课程的实施取得实效,赤岗小学的课程评价也从体现学生核心素养、全面发展出发,从评价内容、评价方式、评价标准、评价过程等几方面初步建立起科学规范的评价机制。"和乐课程"评价坚持以生为本。学校从关注学生个体的处境和需要、尊重和体现学生的个性差异、给予学生个体更多被认可的机会和可能出发,体现主体性和差异性,研究制订不同层次的评价标准,以激发学生的主体精神,使评价最大限度地产生教育效益。重视师生双向参与,尊重师生之间的主体性地位,关注师生的行为特点、思维品质和情感体验。

一是评价遵循的目的是促进学生的全面发展,坚持面向全体学生,使每一名学生都能在评价中受益;倡导每一位教师都要尊重和信任学生,关注学生实现自我价值的需要,尊重学生的主体地位,注重思维能力培养,开发学生的内在潜能;教师在教育教学中坚持以生为本,把研究学生作为重点思考,因学定教,提升教育教学艺术和专业水平;坚持对师生进行全方位的整体性评价。

二是评价内容不仅包括智力因素,如知识与技能,也包括非智力因素,如兴趣、动机、情感等因素的评价。评价对象分为课程本身、教师、学生这三个维度:课程本身评价着眼于"课程即生活"、"课程即体验"这两大指标;教师评价着眼于"教学行为"、"教学能力"和"教学方法";学生评价着重过程性评价——知识、能力、品德形成三个方面。

四、和乐课程评价方式

知识是学生素养发展的基础,但获得知识并不等于素养发展。因此,和乐课程评价从关注课程教学质量到重视人的全面发展出发,做到自我评价与他人评价、口头评价与书面评价、等级评价与评语评价、形成性评价与终结性评价、数据测量评价与成长记录评价、阶段评价与全程评价、寄语性评价与诊断性评价等相结合,力求多样性和灵活性。在不同的学科中应用不同的评价方式,帮助激发学生对学科的学习兴趣。如慕瑞华老师经常在科学探究中采用包括"特殊"奖品奖励评价、形成性评价、终结性评价等多元评价方式。灵活多样的评价方式不仅激发学生的学习兴趣,也能帮助学生在学科水平上不断提高,所以,慕老师的学生都非常喜欢她的课。

和乐课程评价[①]

十个手指有长短,更何况是活生生的人呢?因此,在对学生课堂探究的评价过程中,教师要明确对学生的评价不是为了人为地区分优劣,更多是为了激励。鉴于此,我们要充分尊重学生、鼓励学生,采用激励性评价为主,促使学生在课堂探究中处于积极的心理状态,并能经常品尝成功的快乐,增强学习的信心,从而产生主动学习的欲望。在日常的科学教学中,我通常采用以下几种评价方式。

1. "特殊"奖品奖励评价

对在科学探究中表现比较好的学生,我会奖励一些特殊的奖品,如凤仙花种子、蚕豆种子、魔力豆、小磁铁等等,可以进一步帮助学生了解植物生长的规律,甚至做一些课后探究了解科学规律,由此增加学生的参与积极性和学习兴趣,同时也拓展了学生的课外实践活动,一举两得。这种评价方式,既奖励了学生,又更好地发挥了学生的潜能,为学生成长创造了一个良好的人文

---

① 本节由慕瑞华老师提供。

环境。

2. 形成性评价

形成性评价是教师在一个学期的学习进展中对学生的连续评价。具体形式有教师观察评价、记录单评价、学生汇报展示评价。

（1）教师观察评价。老师观察可以测量和诊断出学生学习的缺陷，及时采取补救措施。它主要有概括观察和具体观察两种形式。①概括观察是一种非正式的记录，它是教师在学生进行实验、完成记录单时的一种随机观察。如三年级下册《测量水的温度》一课，要求学生连续测量10分钟内水温的变化。我观察学生实验是否规范，有没有及时做科学记录，有没有总结出科学规律等。②具体观察是教师在学生研究具体问题时进行具有明确任务的观察。教师在进行具体观察时，要密切关注学生的学习状况，是否完成事先确定的观察任务。

表4.3　连续测量10分钟内水温变化的评价

测量步骤考察（10分）	每隔2分钟，分别测量一次每杯水的温度，并把测量结果记录下来
测量方法考察（每项2分，共10分）	1. 手拿温度计的上端 2. 将温度计下端浸入水中，不能碰到容器的底和壁 3. 视线与温度计液面持平 4. 在液柱不再上升或下降时读数 5. 读数时温度计不能离开被测的水
实验结果分析（10分）	得出水在自然降温时的一般规律——水温越高，温度下降得越快

（2）记录单评价。记录单是学生在实验时记录所用。它可以让学生收集和整理数据，讨论实验结果。记录单可以将学生学习的收获记录并保存下来，供教师评价用。

表4.4　连续测量10分钟内水温变化的记录

	0分钟	2分钟	4分钟	6分钟	8分钟	10分钟
自来水的温度						
温水的温度						
热水的温度						

(3) 汇报展示评价。科学课程的教育本质是使学生注意观察并对自然世界的现象进行解释。汇报展示的过程可以进行师生评价或生生评价，用来考察学生的思维以及培养学生的口头表达能力，让学生有种自豪感，从而喜欢科学，爱科学。

3. 终结性评价

终结性评价是指教师在每学期结束时对学生学习效果进行的全面评价。它反映出学生在本学期学习的广度和深度。终结性评价的形式有两种：期末测评和科学记录本。

期末测评用于评价学生在完成所有的学习内容后的学习效果。有选择题和叙述题，着重于概念性知识的考察，并训练学生进行标准化考试的技巧。

科学记录本是评价学生学习效果的另一种形式，帮助学生整理本学期学过的内容。科学课堂的评价又有别于其他学科的评价，它既要体现教学的整个过程，又要体现学生的兴趣、态度以及实验中的思维流程，为培养小学生的科学素养而服务。

五、和乐课程评价实施

课程是学校教育的核心，是课程评价的重点与关键。在考量学生通过课程所学习到的知识与能力外，课程评价内容将主要的关注点放在学生身上，重视学生的素养发展，并将学生的发展和成长作为评价的标准，指导课程的设计与实施。学校坚持以实施课堂教学、引领学生健康发展的教师为评价主体，因为教师充分了解课程，实施课程后第一时间收到来自学生的反馈信息，对于课程的问题出现在哪里，学习的内容以及方式方法对学生的影响怎么样，他们最有话语权。

因此，和乐课程评价尊重教师的评价主体地位，从课程内容、生活实际、学业评价、达成效果、学生思维发展、情感体验、共同发展等方面进行评价，实现师生双向评价，发现学生内在潜力，有效调整课程教学，促进师生共同发展。同时，学生通过自评，能够增强学习主体意识，主动参与评价，学会自我分析、自我评价，形成自我完善与提高的习惯，有利于学生独立人格的养成与自主能力的培养。通过师生、生生之间互评发展了批判性思维，提高学生表达能力与沟通能力，培养合作意识和竞争意识，增强相互之间的信任感和责任感，促进了学生全面发展（表4.5，表4.6）。

表4.5 和乐课程评价（教师用）

学校		班级		授课教师				
课程名称				评价日期				
评价项目	评价指标	评分						
		优秀(5分)	良好(4分)	合格(3分)	较差(2分)	很差(1分)		
内容	1. 课程内容难易适中，紧密围绕课题主题； 2. 课堂活动丰富多彩，有新意； 3. 知识结构合理，突出重点，分散难点，深浅适度；							
生活	4. 课程内容切合实际，符合学生年龄特点； 5. 能在讲解知识点时列举生活中的现象，培养学生的生活技能；							
主体	6. 以学生为主体，设计教学环节； 7. 通过生动的语言感染学生，激发学习兴趣；							
评价	8. 鼓励学生积极发言，予以激励性语言； 9. 及时了解学生的学习情况； 10. 布置分层作业，以适应学生的个体差异； 11. 及时反馈评价，实施多元评价，使被评价学生得到成功激励；							
效果	12. 优化问题及活动设计； 13. 顺利达成教学目标； 14. 选择有效的教学手段；							

（续上表）

学校		班级		授课教师				
课程名称				评价日期				
评价项目	评价指标	评分						
		优秀(5分)	良好(4分)	合格(3分)	较差(2分)	很差(1分)		
思维	15. 创设自主、合作、探究的学习情境，引导学生参与课堂活动； 16. 引导学生将课程知识活学活用，举一反三； 17. 鼓励学生质疑；							
体验	18. 引导学生愉快学习，分享成功学习成果； 19. 帮助学生获得成功体验；							
发展	20. 关注每一个学生的发展； 21. 能对学生进行学法指导； 22. 结合学校理念，渗透德育							
简要评语		总分			综合等级			
说明	A级课：100～90分；B级课：89～75分；C级课：74～60分；D级课：60分以下							

表4.6 和乐课程评价（学生用）

学校		班级		学号				
课程名称		授课教师		评价日期				
评价项目	评价指标	评分						
		优秀(5分)	良好(4分)	合格(3分)	较差(2分)	很差(1分)		
内容	1. 我喜欢这节课的教学内容，并愿意课后继续探究课堂上遗留下来的问题； 2. 我喜欢授课教师的授课方式，并愿意配合教师开展各项课程活动；							
生活	3. 我觉得课程的内容生动形象，能运用于生活实际； 4. 我能够将所学知识举一反三，联系实际，融汇贯通；							
主体	5. 主动参与课堂学习的每一个环节； 6. 能主动发现问题，与同学、教师交流； 7. 能参与探究合作，大胆发表自己的见解；							
评价	8. 积极回答问题，获得了肯定的评价； 9. 认真完成随堂作业，能在课堂上获得展示的机会；							
效果	10. 能达成课堂学习目标； 11. 收获了知识和技能； 12. 获得了合作学习的机会；							
思维	13. 思维能力：能主动思考问题并展开了想象； 14. 探究能力：能对课题中的某个问题进行追踪溯源； 15. 质疑能力：能对不同的观点据理力争；							

第四章 和乐的课程建设

（续上表）

学校		班级		学号			
课程名称		授课教师		评价日期			
评价项目	评价指标	评分					
		优秀(5分)	良好(4分)	合格(3分)	较差(2分)	很差(1分)	
体验	16. 我感到学得很轻松、愉快； 17. 我乐于分享学习成果，很有成就感；						
发展	18. 表达能力：能流利表达自己的观点； 19. 合作能力：通过团队合力解决问题； 20. 创造能力：在课堂活动中和作业中体现创意						
简要评语		总分			综合等级		

第五章 和乐的教学改革

学校将"和乐教育"理念引入课堂。在"重兴发,重体验,促合作,促发展"的教学理念指引下,几年来,结合课题研究的实践,经历多次改变,目前赤岗小学已形成了以"兴发""体验""主见"为主要特征的"和乐课堂"特色,学校课堂教学质量得到显著提升,营造了灵动、阳光的课堂氛围,促进学生乐思会学。

一、和乐课堂的初步探索

(一)开展和乐课堂研究

和乐教育最终要落实到课堂上,因此,课堂教学的改革是关键。学校于2007年向海珠区教育局申请"和乐教育的研究"课题的立项,2008年2月获得区"十一五"B类面上重点课题的立项,并于2010年6月顺利结题。经过三年的"和乐教育的研究"的探索与实践,我们取得了一定的研究成效,在"和乐课堂"教学研究方面也迈出了可喜的第一步。为真正达到"教学相长",我们决定进一步加强和乐教育子课题——"和乐课堂的有效性研究",因此,2010年9月,学校又申报了海珠区教育科学"十一五"规划课题(第三批)B类面上重点课题——"和乐课堂的研究",并于2010年11月成功立项。

在课题研究中,和乐课堂开展了八个学科的实验,制定了子课题实验计划:语文科——"以情促学的阅读教学研究";数学科——"激励学生自主学习数学的研究";英语科——"积极情感促进英语学习成功的研究";艺术科——"合作、创造、和谐的音乐课堂教学实践研究";体育科——"游戏在快乐体育教学中的运用研究";品德科——"有效参与,体验成长的教学研究";心理学科——"互动、体验,培养学生良好心理素质的研究";科学、信息——"激趣导学,培养探究能力的研究"。

(二)初步探索和乐课堂流程

为了增强课堂的趣味性,体现孩子们的学习主体地位,让孩子们喜欢课堂、爱上读书,学校努力探索构建以"和乐"为显著特征的课堂教学形式。教师们通过教学实践和理论提升,逐渐明确"和乐课堂"包含如下四个基本点:和谐发展是目标,主动学习是根本,乐教乐学是手段,生动活泼是表征。

图5.1 和乐课堂教学的基本操作流程

在教学流程中,教师乐教导学和学生乐学求知的相互作用和协同活动,是在和谐教学场(教学心理氛围)中围绕"情知互促,内化知识,培养素质,和谐发展"这个中心有序展开的。

教学流程的运作一般分为三大环节:一是目标导向(创设情景、激发情感、引发兴趣、展示目标、提示学法);二是认知操作(情知互动、设疑问难、合作学习、分层递进、启发点拨、探索发现);三是扩展迁移(操作训练、扩展训练、知识迁移、应用创新、成功体验)(图5.1)。

教学流程的操作要处理好三个关系:一是知情关系,情感对知识学习的兴发;二是学见关系,有主见的思考对知识学习的兴发;三是知行关系,行动体验对知识学习的兴发。从这个意义上说,和谐教学过程是教学诸因素协调统一、相互影响的互动过程。

教学流程是一个基本流程,不同学科、不同课型以它为参照,又结合学科和课型特点,加以变通,建立不同学科、不同课型的教学流程。它们之间的关系是基本式和变式的关系。

（三）和乐课堂实践：以品德学科为例

以品德课堂为例，在开展"和乐课堂"研究过程中，我探索出"情境导入，激趣探新；合作探究，体验成长；训练思维，提升能力"的基本策略。和乐课堂主要倡导教师"乐教善导"，学生"乐思会学"，体现在品德课堂中的核心理念则是：以培养学生创新精神和实践能力为重点，以学生的和谐发展和快乐成长为出发点和归宿点。教学主要从三方面实现这一理念：引导学生热爱生活，学会关心身边的人和事；珍视学生的生活体验，尊重学生的生活感悟；创设贴近学生生活的问题情境，引导学生积极探究和思考，从而理解人与人、人与社会、人与自然的相互关系，培养学生人文情怀，促进学生良好个性品质和行为习惯的养成。

1. 情境导入，激趣探新

"乐"是通向学习乐园的向导。创造轻松、愉快的课堂氛围，有利于学生带着愉悦的情绪自主投入到学习之中。因此，和乐品德课堂非常注重根据教学内容和不同年级的学生心理特征，设计出贴近学生实际的生活情境导入新课，以引导学生尽快进入学习状态，产生情感共鸣，最大限度激发学生探究新知的强烈欲望。

低年级学生喜欢动感形象的画面、悦耳动听的音乐，我们将生活中直观的情景导入课堂，吸引学生的注意力，激发学生的学习兴趣。

如在教学《我们的生活离不开水》一课时，我用游戏的方式导入，边播放各种水声的录音，边让学生闭上眼睛猜：是大海边波浪的咆哮声？是天空中下雨的淅沥声？还是小溪潺潺的流水声？学生情绪高度集中，纷纷竖起耳朵倾听各种水的声音，很快就猜出来了。紧接着请学生们睁开眼睛，在优美的音乐声中，播放一幅幅水在大自然中的美丽景象：有碧波荡漾的湖水，有波涛汹涌的大海，有巍峨挺拔的雪山，有潺潺流动的小溪……平时生活中未能引起学生们注意的水，由于画面动感十足、景色美丽，一下子吸引了他们的兴趣。学生既惊喜又兴奋，不知不觉地引发了对水探究的兴趣，燃起了学习的热情，这为下一环节"生活中水的作用"的学习作了良好的铺垫。

而在中高年级的品德课堂教学中，教师除了激发学生的兴趣外，还必须善于设疑问难,激发学生学习的内驱力,引导学生主动求解求知。

在上《太阳光的利用》一课时,课前一周我安排了一个有趣的课前小实验——种豆豆。要求学生用两个相同的纸杯,在杯底铺一些打湿了的棉花和纸巾,再放入一些绿豆。一杯放在有阳光的地方,一杯放在室内阴暗不见光的角落。要求每天加一点水,观察一周,看看有什么不一样。在这样的问题预设下,学生们产生了浓厚的观察、实验兴趣,积极性很高。

2. 合作探究,体验成长

和乐品德课堂非常重视学生的生活体验,尊重学生的生活感悟。因此,合作探究成为和乐课堂重要的教学策略。在开展合作探究活动时,教师要引导学生在合作学习中积极感悟,培养小组协作与沟通的能力,在不断丰富的体验中获得道德成长。如在《过去的游戏真有趣》一课,我设计了"一起来玩传统游戏"的体验活动,以下是教学片段。

师:同学们,你们平时喜欢玩什么游戏呢?

生(抢答):电脑游戏、悠悠球、四驱赛车、海洋宝宝、百兽战队……

师:你们知道老师小时候喜欢玩哪些游戏吗?比如铁环、沙包,你们玩过吗?

生:我玩过……(学生开始七嘴八舌发表意见)

师:可是你知道得还不全,我给大家展示一下吧。(出示课件)今天老师带了一些小时候玩的玩具,有石子、沙包、铁环、陀螺、公仔纸和魔方。现在我把全班分为八组,请你们分小组试着玩玩。在玩的过程中老师有两点要求:第一,小组内要注意交流、分享;第二,小组之间要换着玩具玩。老师也会参与你们的游戏活动。游戏结束后,请大家分组讨论这些游戏与你们玩的游戏有什么不同?

在这样轻松的教学环境中,学生们参与活动的积极性很高。在充分体验了传统游戏的乐趣后,他们深有感触:与当下流行的玩具相比,传统玩具虽然不流行了,但价廉、环保、益智、便捷、安全,不失为一种更好的选择。

合作探究活动也是培养学生创新精神和实践能力的重要契机。因此,合作探究活动的设置也应该是开放性的：活动场所不限于课堂，小组探究的形式可以是多样的，为学生提供创造性的探究空间。

3. 训练思维，提升能力

要让学生从乐学走向会学，必须激发学生的内在动力，促进学生道德思维的成长。问题是激发学生思考与灵感的源泉。因此，和乐品德课堂注重设置适当的问题，启发学生积极思考、主动建构。教师在学生合作探究的基础上，要善于用问题启发学生思考，引领学生学会用自己的眼睛观察、用自己的心灵感悟、用自己的方式研究，从而形成正确的认识与价值观，养成良好的行为习惯。

如我在上《生活处处有规则》课时，先组织学生分两组玩"跳格子"的游戏。一组确定了游戏规则，一组没有确定游戏规则。结果，按规则玩的一组学生很快就投入到游戏中，玩得很开心；另一组学生因为没有规则，在玩的过程中引发了矛盾和争执，游戏在争论中停止。

于是，我顺势要求两组学生暂停游戏，逐步引导他们寻找原因。首先，我询问发生争执的那组学生，了解产生矛盾的缘由。待各方陈述理由之后，我并没有马上调解矛盾，而是引导学生对比两组游戏的结果：为什么一组能顺利进行，另一组却不欢而散？学生的回答各种各样，有些与规则无关。我再细化问题：第一组玩了几轮，有谁赢了，为什么？与第一组相比，第二组在玩游戏的过程中缺少什么？这时，大家恍然大悟，才明白第二组同学争执的原因是缺少规则。我再提示他们分析规则在游戏中的作用，经过步步引导，学生终于发现规则在生活中的重要作用。这些问题激发了学生的思考，引导学生层层递进，为学生的自主思考搭建了有利的阶梯。学生在主动思考下，自主发现了教学的主要内容，教学目的也于无痕中悄悄达成。

与此同时，品德教学要回归生活，提高学生运用知识解决问题的能力，实现知行统一。为此，教师要以学生的生活为基础，设计既富有乐趣又有生活意义的拓展活动，让学生享受快乐、有意义的自主探究过程。学生的能力水平有高有低，拓展活动可以适度增进难度，为有能力的学生提供继续探索的机会，满足了学生个性化发展的需求。

如上《奇妙的光》一课时，在学生理解太阳光的主要作用以后，我安排了一个拓展活动：发挥创意设计一种太阳能产品。"太阳不仅能直接利用阳光为我们的衣食住行服务，还可以转化为电能。同学们想想：太阳能还可以用于哪些产品？发挥你们的奇思妙想，把太阳能运用到生活中，设计一种新的太阳能产品，并把你们的奇特设计画出来，向全班展示、汇报。"学生纷纷展示自己的创意与想象：太阳能书包、太阳能笔、太阳能文具盒等。我还设计了一个课后小实验："前段时间一直下雨，家里很潮湿。今天出太阳了，小明却很苦恼，虽然屋外的阳光很强烈，但是家里却没有阳光，沙发晒不到太阳。请你帮小明想想办法，把阳光请到屋里来，晒晒他家里的家具吧。"这些拓展活动不但有趣，还激发了学生的想象力和创造力。也许，凭借他们目前的知识储备，有些问题现在还不能完全解决，但是，让学生保留探究的兴趣和热情比解决问题更重要。

和乐品德课堂教学注重创设生动、有趣、和谐、轻松的教学情境，激发学生参与、学习、合作、探究的兴趣；在学习活动中注重生活式的体验感悟，引发学生的真情实感，培养学生积极的生活态度和参与社会的能力；引导学生发现生活中的各种问题，联系实际寻找课堂与生活的对接点，引发学生积极思考，从而促进学生情感、态度、价值观的全面和谐发展。

二、和乐课堂的第一轮行动研究

进入21世纪，世界各国教育改革的核心思想均围绕"以人的发展为本"进行，努力培养创新型人才。培养创新型人才需要学校改革培养人才的模式。根据我校实际情况，在前面"和乐课堂"的研究和实践基础上，为探索出一条既能使学生学得愉快、学有所长，又能使教师教得轻松、引导自如的路子，我们经过多方的探索和研究，最终确定进行"礼乐教学"的行动研究，并于2013年4月申请了广州市教育科学"十二五"（第二批）规划课题"'礼乐教学'的行动研究"。

"'礼乐教学'的行动研究"课题是和乐课堂教学的深入探索、发展，以"和乐教育"特色办学思想为引领，以课题促教学，倡导教师乐教善导、学生乐思会学、师生和谐发展，从营造学校礼乐教学氛围和提高课堂教学有效性两个方面入手,努力追求"和谐、有效、创新"的境界。

(一) 礼乐教学探索的意义

1. 教学自身的需求

新课程实施后,我们发现改革后的教材已较前贴近师生生活、内容增多、范围更广、难度加深。学生感到学习内容较多、学习任务重、压力大;而教师普遍感到工作量增加、压力加大、教学难度更高,"教师教得辛苦,学生学得痛苦,却没有得到应有的发展"已经成为一个很现实的教学问题。如何探索出一条既能使学生学得愉快、学有所长,又能使教师教得轻松、引导自如的路子,是深化学校教育教学改革亟待解决的课题。

"礼乐教学"是对中国古代"兴于诗,立于礼,成于乐"的教学传统的概括,是对中华古学中"兴发"智慧的阐发。与静态的、旁观的、实体主义的知识点和知识结构的"知识教学"相对,显示为动态的、参与的、主体主义(建构主义)的知识发生过程。即对于教师而言,教学的首要责任不是讲解知识而是激发、引发学生主动学习的意向、意志和意趣。为了激发学生持久地主动学习的意向、意志和意趣,教师需探索种种"礼乐教学"的"兴发"技艺。对于学生而言,学生需要形成学习的积极主动性,掌握自学的方法,实现从"有兴趣地自学—有主题地自学—有主见地自学"的转变,真正成为学习的主人。

2. 教学设计理论发展的需要

教学设计是涉及人的因素的活动,教学设计的最终目标是改变人,教学设计中最重要的因素是人。而人是最复杂的系统,至今关于人的研究还在探索中,这就造成了教学设计对人际交流的教学过程研究的复杂性。作为教学设计的理论基础,心理科学和教学科学研究成果众多,如何把这些原理协调起来,整合到一起,成为人们研究的范畴。

"礼乐教学"从目前教学设计理论发展所面临的问题出发,研究如何把教学系统作为一个整体来进行设计、实施和评价,使之成为具有最优功能的教学系统。在系统科学指导下,"礼乐教学"的教学设计以学生学习需要为开始,然后在对学习者和学习内容以及各种教学策略进行分析的基础上,通过系统的策略优化技术确定教学策略，实施教学策略，在实施的过程中进行形成性评价和实施后的总结性评价，力图使通过教学设计后的教学系统满足学习者的学习需要，促进学习者的发展。教学设计理论需要在实践中检验并得到提升，从而真正促进教学设计理论的进一步发展。

3. 改变学校现实状况的需要

学校有专任教师48人，以平均年龄44岁的中年教师居多，这些教师已积累了一定的教育教学经验，部分教师成为学校的中坚力量，但也有不少教师陷入了专业发展的"瓶颈"。所以，学校有必要从"营造学校'礼乐教学'氛围"和"提高课堂教学效益"两个方面入手，以学科课型特点及教学方式优化研究、学科课堂教学基本技能研究和培养学生兴趣特长为突破口，进行"礼乐教学"的有效性研究，拓宽课外园地，既关注全体，也注重个体差异，真正实现教与学都能轻松、愉快、高效，使教师和学生都能得到发展。

（二）礼乐教学探索的目标

以课型特点的教学方式优化为研究对象，落实学科新课标理念。通过"礼乐教学"研究，探索出具有"礼乐"特征的课堂教学模式，让课堂教学充满生命活力。以课堂教学为突破口，各学科选定一些课型作为本学科研究方向，从学科课型特点入手，优化课堂教学模式。

通过"礼乐教学"学科课堂教学基本技能研究，探索出各类课型中共性及个性的、有效的师生行为方式，探索出各类课型中师生行为的评价标准；开展思维训练，实施灵活的教法，指导学法，转变教与学的方式，使学生的学习方式有明显改进，充分调动学生的主动性、积极性，并使他们的学习能力和学习效益有明显提高；在促使学生完善学习方式的同时，也转变教师自身的教学方式，使教师的教育观念、实施新课程的能力有明显提高，从而大面积地提高教学质量。

通过"礼乐教学"的研究，从多方面培养学生的自主能力，促进学生养成良好的习惯，积极参与学校的管理并懂得自我管理，促进学生自学，提高独立分析问题、解决问题的能力，并通过自学获得知识，锻炼了良好的思维品质。

以"礼乐"文化提高教师教育素养和能力,完善学校教学设施,优化教育环境,优化学校教学管理活动,深化学校教育整体改革,提高办学水平和办学效益,把学校办成高质量的现代素质教育学校。

在学生层面,从让学生"有兴趣的自学""有主题的自学"和"有主见的自学"三个方面入手,逐步形成"三乐"学风(乐体验、乐思考、乐展现);在教师层面,开展"礼乐教学"学科课堂教学基本技能研究,规范教师课堂教学行为,优化教学方式,提高课堂教学有效性,初步提炼教师的课堂教学风格,逐步形成"三重"教风(重启发、重创设、重提炼)。各学科根据不同课型探索"礼乐教学"课堂教学策略,从而优化课堂教学结构,凸显"和乐课堂"教学特征,提高课堂教学效能。

(三)礼乐教学的三大特征

"礼乐教学"的行动研究立足于自然界生命三个生长法则,其中以"为满足欲望而生长"作为教学的核心法则,以"主动生长"和"整体生长"作为辅助法则,并将"为满足欲望而生长"的教学称为兴发教学,"主动生长"的教学称为自学(或自学辅导教学),"整体生长"的教学称为整体学习。

就学生的责任而言,礼乐教学改革的重点在于自学与整体学习;就教师的责任而言,礼乐教学改革的重点在于兴发教学。课题组成员在承前启后对"和乐课堂"作深入研究的基础上,融会贯通"礼乐教学"的行动研究,探索、概括、提炼出"礼乐教学"(和乐课堂)的三大特征——兴发、体验、主见,强调教学的社会背景和生活空间,强调学生的亲身感受和主动表达,强调教师的实践组织,从教师乐教善导、学生乐思会学、师生和谐发展三个层面进行研究,形成了动态生成的有效课堂基本特征。

1. 关于"兴发"

卢梭对教育者有这样的建议:"你要记住的是,不能由你告诉他应当学习什么东西,要由他自己希望学什么东西和研究什么东西;而你呢,则设法使他了解那些东西,巧妙地使他产生学习的愿望,向他提供满足他的愿望的办法……问题不在于教他各种学问,而在于培养他有爱好学问的兴趣,并且在这种兴趣充分增长起来的时候,教他以研究学问的方法。毫无疑问,这是所有一

第五章 和乐的教学改革

切良好的教育的一个基本原则。"刘良华教授也说:"好的教师从来不会掉弃知识教学,但他会需要随时随地提醒学生'先立其大者'。知识或书本知识只是手段,是为实现生活情趣和人生志向、解决实际问题的工具。"这就说明,教师的首要责任不是讲解知识,而是兴发学生持久地主动学习的意向、意志和意趣,这里包含三个方面:一是在课堂教学和各项活动中能善于创设丰富多彩的情景,让学生进行学习体验,过程设计符合学生认知规律;二是能面向全体,对不同的学生进行相应的教学;三是能及时反馈评价,实施多元评价,使被评价的学生得到成功的激励。

例如在语文识字教学中,教师要善于"兴发"学生的识字兴趣,让学生乐学。在课堂上,教师要放下架子,亲近学生,使学生在轻松愉悦的气氛中接受知识。例如在教学中,低年级语文老师让学生做游戏,游戏一开始,先用掌声与学生进行互动"火车火车开到哪儿?""火车火车开到这儿!"而且形式也多样,有小火车、有大火车。形式多样、操作简单的"开火车"游戏,给识字过程带来了调剂,对于调动学生的学习积极性很有帮助,学生的学习兴趣浓了、主动性高了,学习效果事半功倍。

在低年级语文的识字教学中,我们还可以采用直观的教具以及现代化的教学手段,提高学生识字能力。低年级学生的形象思维胜于抽象思维,要遵循教学的直观性原则,运用直观教具包括电教手段,使复杂、抽象的教学内容简单化,使之具体、生动化,充分领悟字形和意义。例如,学到"担、扫、打、提"字时让学生知道形旁"提手旁"表示与人的手有关,表示要用手干的活。实践证明,采用直观的教学方式,能使生字的出现更为形象、自然,符合学生的形象思维,因而形成的印象就更为深刻。

在评价方面,我们采用激励性评价,提高学生识字的主动性和成功感。多表扬鼓励,低年级学生思想单纯,爱听好话,只要教师一表扬,便劲头十足,往往会有出色的表现;受到批评,则萎靡不振,注意力容易分散。特级教师高林生曾在一次讲座中说过:"要学会'哄'孩子,要准备一百顶'高帽'给学生戴,要真心实意地给他们戴"。因此,教师在教学中,应以表扬为主,我校语文老师常挂嘴边的是"你回答得真好!""你真棒!""你读得真好!""有进步了,老师真为你高兴!"并在课后及时地给学生加红星,一个月评一次"文明小星星",有时学生说得好,老师会和学生一起鼓掌,还把他拍下来上传到海教通,与家长一起分享,于是学生学习的兴趣就更浓了。

另外,礼乐教学"兴发"特征还体现在创设学校"礼乐教学"氛围,把校园文化作为全面育人、展现学校办学理念和学校办学特色、发展师生文明行为的重要平台,为师生陶乐、陶情、陶行提供相应的条件。

2. 关于"体验"

刘铁芳教授指出:"意向性结构的形成不是认知性的,而是体验性的,是始于身心整体的朝向世界的姿态。教育意向性作为一种唤起,就是唤起身体的转向,开启个体与世界相遇的意向性结构,从而激活个体身心向着世界的求知状态。"兴发是手段,其直接目的是为了唤起学生求知的强烈欲望,引导他们自觉地参与到体验中,达到"知之者不如好之者,好之者不如乐之者"的境界。

因此,礼乐教学强调体验式引导,即以学生为主体、以学生体验为主要途径。礼乐教学强调教学的社会背景和生活空间,强调学生的亲身感受,强调教师的实践组织、引导,它不仅是一个学生凭借书本,在教师的指导下以获得知识的过程,更是一个学生自觉自愿联系自己生活,凭借自己情感、直觉和灵性等直接地感受、体味和领悟,去再认识、再发现和再创造的过程。

礼乐教学的最终目标是追求人文关怀,关注人的心灵自由、精神世界和个性、人格的发展。体验式引导,呈现生活经历、聚焦现实生活不是目的,目的在于引起学生对已有的生活进行反思,促使学生由感知生活经历上升到形成生活经验、生成生活智慧,进而进行有效的学习,实现个人的发展。

如在和乐品德课堂中,我们非常重视学生的生活体验,尊重学生的生活感悟。因此,合作探究成为和乐课堂重要的教学策略。在开展合作探究活动时,教师要引导学生在合作学习中积极感悟,培养小组协作与沟通的能力,在不断丰富的体验中获得道德成长。

比如在《和春风一起玩》一课"感受春风"环节时,我们的老师引领学生来到学校操场上,要求他们分小组用废纸制作利用风力的小玩具。在这种开放性的活动空间里,学生们想出很多方式来感受春风:放风筝、吹风车、飘降落伞等。当学生们玩得兴致正浓时,我们的任课老师不断提醒他们注意观察:有风的时候和没风的时候,风车有什么变化;风车制作的精致程度不同,效果是否一样;小组有序合作与不合作无序活动,每个人参与的机会是否一样;等等。学生很快发现:有风的时候或行进中风车才会转;风车如果轻盈,风吹时就会转动得快;有秩序玩可以节省时间,人人都有机会参与活动。在老师的因势利导下,学生在享受玩的乐趣的同时,还明白了小组成员密切合作、相互帮助的重要性。

3. 关于"主见"

传统的教学强调以教师的教授为中心、以教材为中心,却忽视了学生。学生仿佛成了学校"产品",而非一个个鲜活的生命体。孔子说,"学而不思则罔,思而不学则殆",但在现实中往往很难做到,以致教学中出现"满堂灌""满堂问",却没有留给学生真正思考的时间和空间,无法使学生在知识学习过程中获得求知的热情和学习的欢乐。

礼乐教学强调体现学生主体地位,在教学环境中落实自己观察、自己实验、自己思考、自己表述、自己总结的"五自"要求,鼓励学生参与体验获取感受。卓越的教师并非口若悬河的演讲者,而是一个鼓励学生"有主见地自学"的推动者和帮助者。若教师愿意将"有主见地学"或"有主见地自学"作为自己的课堂文化,那么,相应的教学程序则会显示出与传统的教授教学不同的样式。教师的责任在于,尽可能让学生在主题学习中形成"问题—假设—验证"的问题解决式的思维习惯,并在问题解决的过程中形成自己的作品。教师要努力做到以下几个方面:首先,营造宽松的学习环境,师生民主平等,生生友好合作,使师生心情愉悦;其次,从学生的心理实际出发,进行教学设计,教学过程张弛有度,教学密度适宜,始终使学生保持深厚的求知兴趣;最后,能联系社会实践和生活实际,让学生能在教师创设的情景中合作探究、自主发展、表达创见。

如在数学课堂教学中,形成学生的空间观念需要宽松的学习氛围、符合学生年龄心理特点与知识基础的教学设计以及与生活紧密联系的情境创设。空间观念的形成不是一蹴而就的,需要不断地积累数学活动经验,不断丰富想象力,在教学过程中教师要为学生提供足够的空间和时间,组织有效的数学活动,让学生在教师的指导下进行观察、操作、想象、分析,得到正确的结论,在此过程中,有助于学生积累想象的经验,发展学生的空间观念。

例如，在"角的初步认识"一课中，任课老师在"找角"环节设计了"寻找平面图形中的角"、"寻找立体图形中的角"、"寻找生活中的角"等三个活动。在找完角后设计了画角的活动。学生用两支铅笔摆角后，按下列要求改变角：①让角变大；②让角变小。通过活动，学生明白要改变角的大小，可以通过改变它两边的张开程度来实现。然后要学生再深入思考：角的两条边分别接上一支铅笔，角的大小变了吗？为什么？学生在活动中体会到，角的大小与边的长度无关，与角两边张开的角度有关。

学生的数学活动经验是在数学活动过程中逐步积累的，教师在教学过程中，应引导学生有意识、有目的地积累数学活动经验。学生在学习过程中，获得的只是一些感性的感受，教师要创设空间与机会，让学生在观察、操作、想象、思考中发展空间观念，有利于提高学生解决问题的能力，为后续的学习打下扎实的基础。

（四）基于自然法的礼乐教学的基本原理①

赤岗小学礼乐教学的研究视角是"基于自然法的教学"。这里的自然法主要是指自然界所有生命的生长规则。从自然法的视角来看，自然界的所有生命（包含植物、动物和人）的生长或成长都遵循三个自然法则。

1. "整体生长"法则

小鸟总是整体地生长，而并非有步骤地先长出鸟头然后再长出鸟的眼睛；鸟在长出眼睛时也并非先长出左眼然后再长出右眼。树木的生长亦如是。树并非先长出一片树叶然后再长出另一片树叶。与之类似，好的教学总是先让学生对新知识有一个整体的印象和感知，然后再去整体地操作和体验。好的教学看重知识的整体结构和整体脉络。其背后的知识假设为：细节离不开整体，离开了整体的细节就像离开了身体的四肢，整体决定行为的成败。坏的教学往往看重"知识点"的学习，强调"小步子教学"和"知识点训练"。其背后的知识假设为：整体是由部分和细节构成的，细节决定行为的成败。

---

① 刘良华博士参与了本节的讨论与撰写。

2. "主动生长"法则

小鸟会自己主动用嘴把蛋壳啄破并冲破蛋壳,一旦脱离了它的母体,小鸟就会主动地寻找并占有食物。小草总是自己生长,遇到石头或者别的障碍物时,小草会主动地挣扎而顽强地活下来。与之类似,儿童原本也是主动生长的,他会像猫一样好奇,像鸟一样追求自由,像小草一样主动挣扎。好老师总是让学生自己主动学习,让学生自己去尝试错误,在尝试错误中逐渐学会学习。

3. "为满足欲望而生长"法则

所有生命的生长都以欲望或需要的满足为前提。植物需要的是足够的养料与水分,动物需要的是食物和性伙伴。人除了追求满足其食欲和爱欲等生理需求之外,还需要满足其"被承认的欲望"。正是这种为承认而斗争的运动,推动了整个"世界历史"的发展。也有人认为,人有一种与生俱来的"永不停歇的虚荣"。这种虚荣心的情感满足推动了个人和整个人类的发展。尼采则直接称之为"权力意志"。他认为生命的本性就是"追求权力,追求权力的增加"。所谓快乐或幸福,只是权力意志得到满足之后的副产品。"一切推动力都是权力意志",此外没有任何别的推动力。这样看来,好的教学就必须考虑学生的情感欲望和基本需要。好的教师需要激励、唤醒和鼓舞学生,以此满足学生的"被承认的欲望"、"无休止的虚荣心"或"权力意志"。

在"主动生长""整体生长"和"为满足欲望而生长"这三者之间,"为满足欲望而生长"是生命成长的"自然法"的核心。也就是说,立足于自然法的教学以"为满足欲望而生长"为核心法则,以"主动生长"和"整体生长"为辅助法则。本研究将立足于"为满足欲望而生长"的教学称为兴发教学,将立足于"主动生长"的教学称为自学(或自学辅导教学),将立足于"整体生长"的教学称为整体学习。

就学生的责任而言,立足于自然法的教学改革的重点在于自学与整体学习;就教师的责任而言,立足于自然法的教学改革的重点在于兴发教学。而在具体的教学改革及其行动研究的过程中,我们最初考虑的是整体学习,后来才逐步转向学生的自学和教师的兴发教学。

（五）基于整体学习的和乐教学

什么样的课程或什么样的学习是学生喜欢的？为此，我们做了简单的调查。结果显示，尽管有部分学生喜欢语文、数学、英语等学科课程，但学生普遍更喜欢科技类的课外活动。

我们起先将研究主题确定为"科技创新"，让学生在课外的科技创新活动中围绕某个主题展开整体探究、整体体验。我们称之为"整体学习"，也称之为"做中学"。从活动材料来看，学生喜欢的是科技活动。从活动的过程来看，学生所喜欢的其实是某种可以由自己掌控的、可以"整体学习"和"做中学"的亲身操作状态。就亲自操作的主体而言，它是动手动脚的"做中学"；就亲自操作的对象而言，它是围绕某个主题从头到尾、自始至终的"整体学习"。

1. 整体学习的原理

传统的教学过于关注"知识点"的教学，可称之为"细节教学"或"细节教育"。整体虽然由细节构成，但是，如果学习者过于关注知识点的细节，整个活动就会导致失败。遗憾的是，在传统的教学中，学生常常被要求去关注一些知识学习和技能学习的细节。

教学中常见的问题是，教学者或指导者常常不由分说地将整个"细节"条分缕析地讲授，更糟糕的情形是将这些"细节"确定为"教学重点"或"教学难点"。在"重点讲够""难点讲够"的教学活动中，这些原本属于"不可言传"的"细节"被引入烦琐的讲解、讨论，或者进入那些以填空、简答、名词解释、多项选择等为内容的频繁的练习或考试中。"细节"一旦被不恰当地突出为"焦点"之后，学生常常会因此而陷入"怯场""焦虑"等低迷的情绪状况中。"怯场毁掉了一个人的临场感，而临场感本身是可以顺利地引出一个人的词语或音符或手势动作的适当序列的。如果我们能成功地把自己的心灵引向前进，使它清晰地把握着我们的主要兴趣所在的整个活动，那么，怯场就可以消除，动作就可以恢复流畅了。"看来，学习者的情绪问题尤其是焦虑、紧张等"怯场"行为往往与教育者对"细节"问题给予了不恰当的指导相关。

根据这个思路，我们将"整体学习"及其"做中学"推广到各个学科的课堂教学之中，重点关注语文整体学习、数学整体学习和外语整体学习。

2. 学科整体学习的策略

语文整体学习的重点是"示范—模仿—创作"，我们也称之为"范本教学"。具体的操作策略是：①范本阅读。教师从学生课本中特别挑选出某些"美文"，将这些"美文"视为可模仿的范本，同时，教师也给学生推荐课本之外的某个主题或某个作者的范本，鼓励学生和家长自己去寻找某个主题或某个作者的范本。学生由此可以在某个阶段聚焦某个主题或某个作者，体验同类主题或同一作者的写作技巧，使同类文本之间发生"互文本"效应。这种范本阅读看起来与传统阅读相似，但是，范本阅读与传统阅读的不同之处在于，传统阅读是独立的，而范本阅读直接指向写作。范本阅读并非阅读教学，而是"示范—模仿"的写作教学的一个内在环节。阅读虽然也有独立的价值，阅读可以怡情、启智、开阔视野。按照培根的说法，读书足以怡情，足以傅彩，足以长才。但是，范本阅读并非独立的阅读行为。范本阅读直接指向写作并通过写作来带动阅读。"示范—模仿—创作"表面上看是先阅读后写作，实际上，"示范—模仿—创作"是先写作后阅读，通过"以写带读"的途径反过来促进阅读。在"范本阅读"的过程中，虽然教师也会讲解阅读理解的技巧、引导学生理解课文，以及语法知识、写作修辞等等，但是，"范本阅读"从一开始就指向"示范—模仿—创作"。②模仿写作。鼓励学生从"完整复述"（接近"背诵"）开始，然后由"完整复述"逐步过渡到"简述"，再由"简述"逐步过渡到"仿写"。③从模仿写作到自由创作。"示范—模仿—创作"并没有严格的阶段的划分。一般而言，学生的写作始于"示范—模仿"，但有良好的写作基础的学生也可以不受"示范—模仿"的限制而保持"示范—创作"的写作进展。

如在学习老舍先生的作品《北京的春节》时，学生可以感受到，字里行间透出人们过年的欢喜心情。文中列举了大量的北京春节习俗，情趣盎然，其中许多情景如熬腊八粥、泡腊八蒜等是广州的孩子从未见过的。但老舍先生对习俗的细腻描写，让人身临其境。教师从网络资源中找到不少相关的资料图片，运用多媒体呈现在课堂上，同时还绘声绘色地给孩子们讲述北京春节习俗的小故事。学生们通过听故事、看图片，沉浸在文本中，对老北京人怎样过春节有了初步的印象。借此机会，教师让学生再次走进文本，感知文本，诵读好词佳句，体会浓浓的"京味"。此时，教师再启发学生谈谈自己家乡过春节时有哪些与众不同的习俗，学生们就此展开热烈的讨论，学习气氛浓厚。最后，教师布置模仿本文的写作作业《我的家乡××××的春节》，"以写带读"，提升写作能力，更为促进阅读。

外语整体教学的重点同样是"示范—模仿—创作"，由传统的外语语法教学转向交际教学。而且，由传统的"听说领先，读写跟上"的外语交际教学转向"听领先"教学。"听说领先"虽然也是一个出色的外语学习原则，但是，在听和说之间，仍然有一个先后的问题。借鉴美国学者克拉申提倡的"自然法"以及"浸入式"外语教学的原理，同时借鉴我国学者强海燕等人的研究，明确提出"听领先"教学。外语整体教学的具体操作是：①"先输入后输出"，先大量地"听"英语然后再逐步"说"英语。让学生的"输入"（听）远远大于"输出"（说）。②承认学生学习外语的过程中有类似母语学习的"沉默期"（婴儿学习母语的沉默期一般为一年左右），允许学生有"沉默"的权利。承认和允许"沉默"意味着"听"外语在外语学习的过程中具有相对独立的意义。教师和家长只需要让学生大量地听外语而不必急于让学生说外语，教师和家长不必逼迫学生听了之后立刻做相关的练习或作业。尽可能让学生"习得"而不是"学习"，尽可能让学生感觉自己在"欣赏"外语电影或外语录像而忘记自己在"学习"外语。及时的练习虽然可以强化学生记住外语单词或增强阅读理解的效果，但频繁的练习将严重降低学生"习得"和"体验"的效应。③给学生和家长推荐适合"视听"的外语录像或外语电影。虽然我们提出"听领先"的外语教学口号，但是，对于小学生来说，录音磁带只适合学生对照课本偶尔听之，不适合让学生长期耳濡目染。为了实现"浸入"的效果，我们给学生和家长重点推荐《迪斯尼神奇英语》《成长的烦恼》《走遍美国》等影像资料。

数学整体学习的重点是"超前学习"。虽然语文和外语学习也需要自学，但自学数学比自学语文和自学外语更重要、更紧迫。数学学习与语文学习（以及外语学习）的不同之处在于，学生所面对的语文课本是"一袋土豆"，学生任何时候都可以从中取出一个完整的"土豆"。学生即便开小差或者因某种原因（比如生病）辍学几周或几个月，他返校后依然可以"听懂"语文老师的讲课。他甚至可以追上全班学生的学习进度。但是，数学课本是"一架楼梯"。学生如果连续几次没有听懂数学老师的讲课，他将无法顺利地"爬楼梯"并由此而感到绝望。在数学教学中，学生如果开小差或因某种原因辍学几周或几个月，他将无法"听懂"数学老师的讲课，很难追上全班学生的学习进度。因此，如果学生亦步亦趋地跟随数学老师学习数学，学生就一直处于随时掉队的危险之中。数学教师当然采用不断提醒学生"上课认真听讲，不要开小差"的办法来减少"掉队"现象，但是，对于那些数学学习困难的学生来说，恰恰无法做到"上课认真听讲"。因此，避免"掉队"的唯一办法是"超前学习"。只有"超前学习"才能让学生站在数学的高处回头再来学习比较简单的、比较初级的数学。虽然所有学科的学习都需要有某种"一览众山小"的视野，但数学尤其需要学生通过"超前学习"的方式来实现"高观点下的初等数学"的整体学习效应。与母语和外语一样，数学也是一门语言，但是，数学语言有特殊的、复杂的语法，它更需要学生"超前学习"，然后回头再来学习和巩固一些比较简单的数学，以此获得数学的整体感和掌控感。只有那些超前学习的学生才能将具体的数学问题还原为有"来龙去脉"的数学，以此实现德国数学家F.克莱因所倡导的"高观点下的初等数学"意识。在F.克莱因看来，"有许多初等数学的现象只有在非初等的理论结构内才能深刻地理解。"让学生自学数学看似比较困难，其实，与自学语文和自学外语相比，学生自学数学倒是比较容易。原因在于，数学课本编制的特色之一是"例题思维"：例题是练习题的原型。练习题是例题的变式，学生理解了例题之后，就能模仿例题去解答练习题。由此，我们重点强化数学整体学习的三个步骤：一是例题的阅读理解，把数学阅读视为数学学习的关键步骤，引导学生学会阅读数学（阅读例题）；二是练习的强化训练与反馈矫正，让学生通过与例题相似的练习题来获得强化，并通过及时的评改和矫正来使学生获得反馈；三是自由解题，自由解题意味着让学生超越数学课本所圈定的数学题而进入"课外"的、个人感兴趣的数学解题。

3. 整体学习的反思与有待解决的问题

经过一段时间的探索，整体学习及其做中学在两个方面显示了它的效果：一是学生创作了一系列科技作品。这些科技作品在区级、市级、省级和全国范围内的竞赛中获得了一等奖、二等奖等不同程度的认可。二是教师开始将科技探究活动所蕴含的整体教学及其做中学的学习方式引入各个学科教学。语文教学开始尝试"示范—模仿—创作"；外语教学开始转向"听领先"教学；数学学习开始重视"例题—练习—解题"并鼓励学生适度地"超前学习"。

这个阶段出现的问题是，学生在整体学习的过程中普遍缺乏自学的方法和激情。与之相应，教师也缺乏指导学生自学的意识和技巧。

为此，课题组开始重点关注两个策略：一是教师学习和讨论有关"学生自学"的策略；二是教师学习和讨论如何兴起并引发"学生自学"的激情的技巧。这两者一起构成第二轮行动研究的重点。

三、和乐课堂的第二轮行动研究

第二轮行动研究的重点是教师推动学生自学，为学生的自学提供及时的辅导。我们一度将课题研究的主题词确定为"和乐教学"。所谓"和"，主要指"和而不同"。这里的"和"虽有"和谐"的含量，但我们更看重"和而不同"的中国古训所隐含的"个性差异"，以及允许学生有不同的学习步子和学习进度这个方向。所谓"乐"，主要指"自得其乐"。这里的"乐"虽有"快乐"的含义，但我们更看重"自得其乐"所隐含的"学生自学，教师辅导"这个教学变革的方向。经过一段时间的探索，我们在"和乐教学"基础上直接提出"学生有主见地自学"与教师的兴发教学。

（一）学生自学是整体学习的前提条件

表面上看，整体教学就是教师在讲课时将分散的知识点重新安排在整体脉络或整体结构之中。实际上，无论教师的讲课多么有整体感，这种整体的讲述依然很难在学生那里建立整体效应。

为了让学生的学习有真实的整体感，教师需要允许学生亲自操作和亲自探

第五章 和乐的教学改革

究,让学生在亲自操作、亲自探究中获得心领神会的整体体验。在亲自操作和亲自探究中,学习者不是被动的信息吸收者,相反,他主动而整体地"建构"自己的个人知识和个人技能。这种整体学习不仅是对传统的"分散教学"及"知识点教学"的拨乱与反正,而且是对传统的"系统讲授"的不信任。教师的整体讲授或系统讲授虽然比分散教学和知识点的教学进了一步,但它仍然是支离教学而不让学生获得整体的意义。学生之所以喜欢操作类的探究活动,也正因为学生在亲自操作、亲自探究的过程中可以获得整体的操控感和游戏感,并由此而不知疲倦地全身心投入。如果教师仍然采用系统讲授的方法来让学生学习某项技能,这种"教师讲授—学生听讲"的传统教学模式也会使学生丧失技能学习的兴趣。仅仅让学生"听讲"终究不能让学生获得整体学习的真实体验。教师可以偶尔为学生提供系统或整体的讲授,但教师的讲授不能代替学生本人的亲自操作和亲自探究。

总体而言,所有的学习都必须经过学生本人的亲自操作、亲自探究。不仅技能学习需要学生亲自操作、亲自探究,知识学习也同样需要亲自操作和亲自探究。表面看来,语文、数学、外语等学科的学习主要是知识学习而不是技能学习,但是,我们坚持所有知识学习的秘密隐藏在技能学习之中,而所有技能学习的秘密隐藏在亲自操作之中。

亲自操作之所以重要,还有一个原因:虽然某些知识和技能是可教的,但更多的知识和技能只具有可学性而几乎不具有可教性。不仅知识和技能是不可教的,甚至连方法也是不可教的。"授人以鱼,不如授人以渔"虽是一条不错的教育隐喻,却也暗藏了某种教育隐患。隐患的根源在于知识的"隐性"(不可言传性)之维。知识原本就有可言传的部分,也有不可言传的部分;有可教的部分,也有不可教的部分。这样看来,"授人以鱼"固然简单保守,"授人以渔"也依然将教学视为"授"与"被授"的事务。如果说"授人以渔"是有效的策略,那么这条策略也只是在"由人以渔"的意义上才具有某种合理性。"由人以渔"意味着将自由选择的机会重新转让给学习者,意味着把亲自经历、亲自体验、亲自发现、亲自研究的时间和空间还给学习者。善教者教人整体地亲自感知,让学习者在整体亲历中"心领神会"。"由人以渔"可使教育或学习免于"细节学习"的灾难。教育者的责任就在于放手让学生"亲历"知识,让学生在亲自操作、亲自探究的过程中整体地体验"问题"并附带地拥有"细节"知识。有效的教育或指导并不勉强地将"细节"知识单独地提出来言说、讨论,以免使学生徒增知识"怯场"的苦恼。

(二)学生自学的策略

我们重点学习了三个有关自学辅导教学的改革经验:卢仲衡的"自学辅导教学"、黎世法的"异步教学"及新课程所倡导的"自主学习、合作学习、探究学习"。由这三个改革经验,逐步形成我们自己的自学辅导教学的策略。

卢仲衡一度将自己的教学改革称为"程序教学",后来直接称之为"自学辅导教学"。"自学辅导教学"的教学程序为"启—读—练—知—结"。①"启"即"教师启发"。每节课开始时,教师可用几分钟时间规定学习进度,出示阅读提纲或由学生自己概括段落大意,对疑难处略作"启发"。②"读"就是学生"阅读"课文。③"练"即学生自己做"练习"。④"知"即"学生当时知道结果"。以一节课40分钟计算,学生自己阅读课本、自己做练习、自己核对答案的时间占25~30分钟,教师只负责巡视课堂,尽量让学生保持"读—练—知"的自学状态,三个环节自然交替。尊重学生学习差异,使"快者快学,慢者慢学"。对于优生,教师可介绍他们看更多的数学参考书。教师重点帮助那些需要帮助的学生,使其能适应自学。⑤"结"即"小结"。下课前10分钟,教师按提纲提问,集体交替地纠错做小结。"自学辅导教学"实验明确规定了学生的自学时间,并为学生提供适合自学的课本、练习本和答案本(也称"三本教学")。

黎世法将自己的教学改革称为"异步教学"。"异步教学"的主要教学程序是"自学—启发—复习—作业—改错—小结"。①"自学"的主要任务是要求学生通过自学基本掌握一个单元的教学内容。首先由教师向学生布置自学参考提纲。学生开始自学,教师巡回了解学情并重点指导学生进行自学。②"启发"是当学生通过自学仍无法解决时,教师提供某种启发和指导。③"复习"是对所学的新知识进行初步的系统化、概括化,以便为接下来的作业做准备。④"作业"是学生做练习。⑤"改错"是学生自己核对答案,改正作业错误。学生在自改中如果发生了困难,可请教同座位的同学,或下课

第五章 和乐的教学改革

请教别的同学，或请教老师。⑥"小结"是学生在教师的指导下进一步总结和整理所学的知识。总之，黎世法主持的"异步教学"实验的主要特色在于尊重学生"个性差异"并推进"学生自学"。

可见，"自学辅导教学"和"异步教学"的核心环节是"阅读—练习—评改练习"。但是，"阅读—练习—评改练习"主要适应于简单的知识学习而很难推进学生的实践能力和创新精神。

为此，我们重点参照了新课程所探索的"自主学习、合作学习、探究学习"的改革经验。新课程同样提倡"自主学习"，但新课程同时强调以自主学习为前提的探究学习。探究学习一定呈现为自主学习，但自主学习并非一定呈现为探究学习。探究学习意味着学生在自学的基础上进一步提出问题，形成假设并验证自己的假设。也就是说，探究学习有三个核心环节：一是问题，围绕某个主题提出一个可疑的问题；二是假设，针对这个问题提出某个可能的解题方案；三是验证，寻找证据并验证假设。除了自主学习和探究学习，新课程也提倡"合作学习"，但合作学习并非普遍的学习方式。大量的学习往往由学生个体独立完成，只在学生个体学习遇到困难时，合作学习才被呼唤入场。合作学习是对自主学习和探究学习的辅助策略。

借鉴已有的教学改革的经验，我们将"自学辅导教学及其兴发教学"作为第二轮行动研究的主题词。具体的操作程序呈现为三个核心的学习环节：一是有主见地阅读，二是有主见地练习，三是有主见地评改。教师的责任主要在于组织教学，并在学生自学的过程中遇到困难时给学生提供辅导或引导同学之间相互合作。各个学科的自学辅导教学可以有不同的变化形式，但其核心程序是"有主见地阅读—有主见地练习—有主见地评改"三个环节。

我们所追求的自学辅导教学及其兴发教学有三个关键特征：第一，它在任何时候都强调"自己阅读，自己做练习，自己评改"的自学精神。它与新课程所倡导的"自主学习"相呼应，但它将"自主学习"具体落实为"自学辅导教学"。第二，它在任何时候都强调"主题学习"，让学生围绕某个主题展开探究。它与新课程所倡导的"探究学习"相呼应，但它将"探究学习"进一步转化为重视学生整体探究和整体操作的"整体学习"。第三，当学生在任何时候遇到困难时都可以从老师和同学那里获得帮助和支持。它与新课程所倡导的"合作学习"相呼应,但它将合作学习进一步转化为"兴发教学"。同学之间以及师生之间的合作,主要在于兴起和引发那些学习困难的同学自学的自信和激情,而并不在于给学习困难的同学提供现成的答案。

也就是说,我们所追求的自学辅导教学及其兴发教学是对新课程所提倡的"自主学习、合作学习、探究学习"做了两个调整和转换:一是将自主学习、探究学习与合作学习分别转换为自学辅导教学、整体教学和兴发教学;二是将"兴发教学"视为教师的主要责任以及教学的核心精神,而将自学(或自学辅导教学)和整体学习视为学生的主要责任以及学习的两个重要途径。

(三) 第二轮行动研究的反思以及有待解决的问题

在老师和学生普遍接受了整体学习以及自学辅导教学的策略之后,我们接下来遇到的问题是:教师如何推进学生自学?教师如何让学生愿意自学?或者说,教师如何兴起和引发学生自学的动力和激情?

针对学生自学的动力和激情问题,我们借鉴中国古典教学的经验,将这种兴起和引发学生自学的教学状态称为"兴发教学"或"礼乐教学"(在本课题研究中,"礼乐教学"和"兴发教学"几乎是可以互换的概念)。

在接下来的行动研究的过程中,我们参考了有关"礼乐教学"(以及与之相关的"兴发教学")的相关研究成果。我们重点学习了张祥龙的《孔子的现象学阐释九讲》。张祥龙详细讨论了孔子的"兴于诗,立于礼,成于乐"的意向以及"礼乐教学"的技艺。

有效的预习设计要考虑学情、分析学情。这里的学情是指没有教师干预状态下学生自学的情况,包括相关学习能力、生活经验、具体课堂学习情境、未来的应用情境、信息反馈点等课前学生情况。一般将所教新课的重点、难点设计成问题,通过分析学生答题情况,再设计相应预习任务支架,力求每个预习支架都贴近学生"最近发展区",使每个学生在自己的"最近发展区"进行自学。有效的预习设计对教材的理解非常关键。我们的做法是,每一节研究的课例,课题组成员先对比阅读各种版本的教材,再将自己的理解形成文字,并进行传阅(要求写下自己的想法),然后讨论再定稿。力求对教材进行深入的思考与研究,既纵向梳理,又横向比较,读懂文本背后要体现的教育价值,尽可能设计有利于学生自学的预习任务支架。

引起学生预习低效的因素很多,归纳起来主要有两个:一是预习缺少导向;二是预习缺乏层次。小学生年龄特征决定其基本技能的不足,缺少导向的预习很难引领学生有效完成预习任务,预习缺乏层次则照顾不到学生差异。有些学生不会预习,觉得难;有些学生觉得容易,激发不了学习的兴趣,设计具有层次的预习支架,可解决以上两大问题。针对这种情况,我们力求设计预习任务搭建合适的支架,体现层次,从学生实际出发,考虑学生的发展水平和数学学习上的差异,实施有差异的分层设计预习,实现"不同的人在数学有不同的发展"。

"做中学"是杜威的基本教育理论。"新课标"尤其重视"做中学"。"做"包括动手做和动脑想。动手做积累活动经验,动脑想积累思维经验。因此,"做中学"是我们努力要达到的,是预习的核心思想。我们在设计预习任务支架时,能动手的设计活动任务让学生动手。让学生在画一画、剪一剪、折一折、摆一摆等实验活动中积累活动经验,培养问题意识,提高动手能力、观察能力、推理能力等基本技能。

为此,我们开始重点关注两个策略:一是教师学习和讨论有关"学生自学"的策略;二是教师学习和讨论如何兴起和引发"学生自学"的激情的技巧。

如老师在语文课堂教学中,让学生参与到教学中来,将他们的知识内化为自己的东西,这样的课堂教学模式无疑是"有主见的"。新课程要求老师时时刻刻把握新课改的中心思想就是坚持"以学生为主体,以教师为主导"这条主线。在这个过程中,互动不但要表现在学生与学生的互动上,还要让学生与老师一起互动,这样生动的教学模式大大调动了学生的学习积极性和兴趣。

如语文老师在教学《桃花心木》一课时,学生通过交流,感悟到了人生哲理。不只是树,人也一样,在不确定中生活的人,能比较经得起生活的考验,会锻炼出一颗独立自主的心。在不确定中,能学会把很少的养分转化为巨大的能量。这里面"很少的养分""巨大的能量"各指什么?这个问题引起学生再一次认真思考,学生们各抒己见、热烈讨论,一名学生给出了这样的答案:"很少的养分"指的是生活中有限的、有利的条件,而"巨大的能量"指的是克服困难的无限勇气和力量。学生通过讨论与分享,既感受到文本的魅力，同时悟出了"不能有依赖心理，要自主生活""不要做温室里的花草""只有做坚强的大树，才能长成栋梁"等人生哲理。无论教师的教还是学生的学，都贯穿着对知识丰富而独特的主见。

礼乐教学更倡导从"营造学校'礼乐教学'氛围"和"提高课堂教学效益"两个方面入手，以学科课型特点与教学方式优化研究、学科课堂教学基本技能研究和培养学生兴趣特长为突破口，从"教师乐教善导、学生乐思会学、师生和谐发展"三个层面进行实践探索，自始至终贯穿"兴发—体验—主见"三个基本特征，进行"礼乐教学"的有效性研究，拓宽课外园地，既关注全体，也注重个体差异，真正实现"教"与"学"都能轻松、愉快、高效，使教师和学生都能得到发展。

四、和乐课堂的三个辅助策略

（一）"目标导向—强化主体—精讲精练"的课堂教学策略

皮连生在《学与教的心理学》中把教学目标在教学和教学设计中的作用概括为导教、导学和导测评三种功能，并结合马杰于1962年根据行为主义心理学提出行为目标的理论与技术，建议通过导学目标控制教学内容，规范教师的教学行为，并以此引导学生的学习行为。礼乐教学中的"目标导向"课堂教学策略、教学目标陈述方面要求教学的主体应是学生。用经过心理学界定的动词和名词来陈述，力求明确、具体，可以观察和测量，使教学目标有利于学生学习的结果，有助于导学、导教、导评价。从单元目标到每课目标再到教学环节的小目标，层层落实。

教学过程凸现有效性，突出"教师为主导、学生为主体、体验为主线"的教学思想。整个课堂教学设计一定要以学定教，"兴发"学生的求知欲望，进行体验式引导，充分发挥学生的主体作用，充分发挥教师教、学生学（即双边）的积极性和主动性；高效地帮助学生突出重点和难点，对基础不同的学生分类指导、分层训练，让每个学生尝到学习成功的欢乐，表达自己的"主见"，从而提高课堂效率，实现教学的最优化。

第五章 和乐的教学改革

礼乐教学提倡教师在教学过程中既要精讲,又要精练,让学生在愉快的氛围中学到知识。重视精讲精练的目的就是提高课堂效益,减轻学生过重的课业负担,让学生主动参与问题的方法探索过程。"精讲精练"是指教师应该根据教学目标,从学生的实际出发,精心突出教学重点,针对主要重点问题,萃取精华,用准确语言揭示教学内容,教给学生认识问题和探求规律的方法;教师需要根据教学要求、学生具体情况选择训练,选择问题要有针对性、层次性;让学生通过训练能比较深地理解、运用知识、掌握技能、形成技巧进而发展智力,提高学生的应用能力。精讲精练的"精"即指萃取的优秀部分,其核心是当讲则讲、当练则练,遵循的是"适合的就是最好的"理念,题量的多少应遵循适度原则,不搞"题海战术"。过量的练习,特别是重复的练习会降低学生的兴趣,甚至让学生产生厌倦情绪。例如,在语文课堂教学中,对语言的理解运用、体会词句的表达效果、揣摩作者是如何用语言表达思想感情内容等尤其重要,需要教师的精讲精练。

举一个具体的例子。语文老师在教学人教版五年级下册《临死前的严监生》时,教师可围绕"学校抓住动作细节描写表现人物特点的写作"这一语文知识点展开教学,先引导学生进行阅读思考"严监生的哪些行为表现让你印象深刻"等问题,找出相应语句体会他的内心。接着,让学生在阅读中画出课文三番五次描写严监生伸手指头和摇头的语句,并透过"伸着两个指头""他就把头摇了两三摇""闭着摇头""那手只是指着不动"等动作"看"到严监生此时此刻的内心想法,为认识人物性格和形象做好铺垫。最后,明确这样写的作用——引导学生围绕"为什么课文一而再、再而三地细致刻画严监生手和头的动作?如果只写一两次行吗?""为什么寥寥几个动作描写,就能栩栩如生地刻画出一个守财奴的形象?"等问题展开交流讨论,从中让学生体会到运用动作的细节描写或神态描写方法的作用。如此以语言学习带内容理解和情感体验的教学,强化了语言形式的学习和体会,达到了言意兼得的理想教学境界。

在详细讲解教材内容之后,请学生进行课后练习,描写家庭一位成员某一时刻的突出表现。字数不必太多,但要重点突出、特征明显。学生的练习作业充分表明,经过老师精讲,再经学生精练,学生的阅读与写作水平明显提升。

（二）"家校联动—行为养成—爱心教育"的多元育人策略

叶圣陶说："教育是什么？往简单方面说，只需要一句话，就是要养成良好的习惯。德育方面，要养成待人接物和对待工作的良好习惯。"礼乐教学中的行为养成策略旨在唤醒学生的自我意识，形成"自我要求"的习惯追求，从而学会自己约束、管理和奖励自己，追求优秀，并从优秀走向"优雅"。

苏霍姆林斯基认为：道德信念是道德教育的最终结果，在道德信念的形成和培养过程中，知识有重要的作用，如果没有情感，道德就会变成枯燥无味的空话，只能培养出伪君子。爱心是人性中最基础的东西，是一个人最基本的素质。

小学阶段是学生人格形成的重要时期，对学生进行爱心教育对于促进学生的健康成长有着举足轻重的作用，而且也是学生素质教育的重要内容。让学生既自得其乐，又乐于助人。为此，赤岗小学在学校、家庭、社区中开展了一系列的"爱心教育"行动研究，课程多样丰富，彰显了"和乐"特色，营造和谐的师生、生生、家校人际关系环境。

学校教育对学生的行为养成方面起着重要作用，是学生良好习惯的重要塑造者。大的方面包括学生的思想品德教育、学习指导、能力培养、文体活动等，小的方面诸如怎样正确背书包、怎样学扫地、怎样削铅笔、怎样摆放学习用具等，都离不开教师的指导。赤岗小学教师都十分注重学生文明素质的培养和良好行为习惯的养成，从要求学生的站姿与坐姿开始，从点点滴滴的小事做起。课堂上，要求学生坐端正、懂规矩、守纪律。学习上要求有了问题不忙于发问，而是先自己认真想一想；想了以后还不懂，再去问老师。这样反复训练，学生不仅提问的质量高，而且也培养了勤思考的好习惯。在行为习惯上要求学生做事要有条理，从书包怎么放、作业怎么交、预备铃响后干什么等一一加以规范训练；要求学生每干一件事应多想想轻重缓急。在生活上要求养成讲究整洁卫生的习惯，要求教室的桌子、椅子都排成一条线，每天早晚拖地、擦桌子，任何时候都要保持自己座位下的清洁。

（三）"一体一艺—社团体验—自我管理"的素养发展策略

"礼乐教学"提出每个学生都必须在学校掌握"一体一艺"，即一项体育技能和一项艺术技能，为此，学校以"毽球特色"和"竖笛特色"立校，结合课堂教学和社团活动的开展，使"一体一艺"的培养常规化且更能落到实处。学生毽球特长的培养主要从四方面进行。一是让毽球进入学生课间活动。为了推进毽球的全员普及，学校利用寒暑假、课间活动等课外时间，要求全体学生苦练踢毽，并制定出达标标准：低年级连续踢 3～5 个、中年级连续踢 5～10 个、高年级连续踢 10～15 个，对考核达标的同学颁发合格证书，鼓励先达标的同学做"考官"，给全校的同学设置一个学期的努力目标，并由体育老师做好前、中、后三期的考核检查工作。经过一年的训练，二年级的一个男同学能连续踢 140 多个，成为孩子们口中的"毽球王子"。二是让毽球进入大课间。学校和体育科共同做好毽球大课间的顶层设计，由体育科牵头编好毽球自编操，设计和组织好以各种毽球活动为形式的大课间活动。三是让毽球进入课堂。三位体育老师开展不同年龄段的毽球主题教学，做到循序渐进地提高学生的毽球技能。四是让毽球进入校队和社团。学校组建了毽球队，开设毽球社，除了配备本校的体育教师作为常规训练的教练外，还外聘民间毽球业余爱好者来校进行毽球技巧的训练和作花式毽球的渗透教学。学校的毽球队连续几年获得优异的赛绩。竖笛教学主要由两位音乐老师在课堂上落实教学，并定期考核。在学校的"和乐艺术节"现场展示会上，全校学生共同演奏竖笛，场面壮观，声势震撼。

学校开设了 34 个新的社团，让学生在学校网站系统自主报名，既发展孩子们的兴趣爱好，又培养孩子自主选择的思考习惯。新的社团在丰富孩子们课程生活的同时，也显性地改善学生的思维方式、学习方式、交往方式等，促进学生个性化成长。

自主管理不仅体现在上述所论述的学生自主学习上，德育部门还制定了"和乐之星"评比方案，培养学生自主管理能力（具体做法在第六章有相关的论述）。

第六章　和乐的德育改革

古人语：教之道，德为先。品格习惯的培育，是一个人成才的源泉。德育，是学校实施素质教育的重要组成部分。因此，我在主持区级面上重点课题"和乐教育研究"中，积极开展"和乐德育"子课题研究。在实践过程中，学校重视学生良好习惯的养成教育，以"爱心教育"为突破口，以"和乐四节"德育特色活动为契机，实施"三环"德育策略，培养心康体健、自主合作的雅慧学子。

一、"三环"德育实施策略

围绕和乐育人目标，我引领教师采取"习惯养行、爱心育品、文化怡情"的"三环德育"策略，贯穿整个育人工作全过程，通过各种常规训练，培养学生的"优雅"行为；通过"五爱"教育，塑造学生的"和善"品格和"崇美"个性；通过校园文化熏陶，陶冶学生的"和乐"性情。

（一）习惯养行

叶圣陶先生说，教育就是培养习惯。著名现代教育家孙云晓也著书《习惯决定命运》。可见，习惯的养成，对学生一生的影响很深远。小学阶段是习惯教育的最好时期。为此，我们加强学生行为习惯养成教育活动，为他们终身学习奠定良好的基础。

1. 开展"和乐之星"评比活动，培养自主管理能力

苏霍姆林斯基说："唤起人实现自主教育，乃是一种真正的教育。"培养孩子的自主管理能力，是学校德育工作的根本出发点和归宿点。为了培养学生的自我管理能力，结合小学生的年龄特点，每学期初，我校给每个学生发一张"行为登记卡"，学生确立自我发展目标并具体实践。全体教师可以根据学生

日常行为规范的表现,包括学习习惯和文明礼仪等方面的表现,在"行为登记卡"上进行定性评价考核,加星或画黑三角(一个黑三角要三颗星抵消)。班主任每月统计,根据标准在班上发小奖状表扬;每学期期末再统计,达到学校规定的"星星"数量的学生,由学校授以"和乐之星"章。此活动的开展,让学生懂得发现自我价值,明白"种瓜得瓜,种豆得豆"的道理,从而学会自己约束自己、自己管理自己、自己奖励自己。学校还将大队委以及"文明小天使"分到各个班、各个楼层,每天检查,每周评比,以加强学生良好习惯的养成教育,培养学生的集体荣誉感,培养学生干部的自主管理能力。在学校和教师积极引导下,对学生实施自主管理,能够让学生自行发现自我价值,发掘自身潜力,确立自我发展目标,逐步形成适应社会发展和推动个体与社会发展的意识和能力。

2. 开展和乐班级文化建设活动,培养团队合作精神

班级文化建设对良好班风的形成和学生团队合作精神的培养有着不可估量的作用。苏霍姆林斯基说:"只有创造一个教育人的环境,教育才能收到预期的效果。"环境造就人,一个班级的文化环境对学生的教育是潜移默化的,是班级的灵魂所在。班级文化是一门隐性课程,具有"随风潜入夜,润物细无声"的无形的教育力量。为了让学生在良好的班级文化氛围中受到熏陶,潜移默化地产生积极的影响,学校每学期分别定期组织班级主题墙报评比、最美班级评选、班级图书角建设评比、学生作品展示评比、读书小博士评比等,让更多的学生参与到班级文化建设中来,通过自己设计方案、参与实践活动、参观其他班级建设成果等,让学生认识自我,找到差距,获取认同,创优争先,培养学生主人翁意识,增强班级的向心力。

3. 举办"和雅德育"主题会,培养合格公民素质

和雅德育重视"小公民教育",强化学生的文明意识、规范意识和责任意识,让小学生养成文明有礼、健康生活、遵守规则、学会尊重、乐于服务、关心他人、讲究诚信、担负责任等公民素质。为了培养学生基本公民素养,学校全方位关注学生的成长,既"重文",更"重德"。每学期都安排主题鲜明的"三会"(主题班会、主题级会、主题校会)。比如,在校会上,我作了"我要学什么""我强大吗""我幸福吗"等专题讲座,以图片的形式启发学生深入

观察和思考，贴近学生生活的、感人肺腑的图片震撼学生的心灵。之后，学校布置学生写校会听后感，希望通过"剖析—思考—导行—反思"，让学生有所感悟和内化，学会讲文明，守规则，懂得尊重，善于合作，敢于担当与学会感恩，培养合格的小公民。主题班会也是针对学校的"和雅德育"工作要求以及本班学生品行的实际制订，确定不同的教育主题，形式多样。班会除了主讲常规工作外，还做好校会和级会的延伸教育工作。培养学生的基本公民素养，旨在唤起学生的公民意识，形成基本的行为习惯和责任感，感悟"崇礼致雅，谦让致远"的道理，引导学生学会优雅地生活。

4．落实升旗制度，规范雅慧行为礼仪

学校把规范升国旗仪式作为德育教育的一项重要内容。根据《国旗法》规定，学校除寒暑假、公休日和天气原因外，每日悬挂国旗。学校节日坚持专人负责升降国旗，每周一早上举行升国旗仪式，升国旗仪式由学生主持，升国旗前向全校宣布担任旗手的学生名单，升旗手由各班优秀学生轮流担任。

每次进行升国旗活动时，由学校领导、优秀教师代表及优秀学生代表进行"国旗下讲话"的思想教育。听到集结号令，须按"快、静、齐"的要求，迅速到达指定地点集体列队。升国旗时学生按学校要求一律穿校服。当主持人宣布"升旗仪式开始"后，全校师生面向国旗立正，行注目礼，全体师生伴随国歌音乐高唱国歌。升国旗活动中，由值周班检查出勤和纪律情况，作为常规评比的一项重要内容。全校教职工都按时列队，自始至终参加升国旗仪式，由有关部门做考勤记录。

（二）爱心育品

学校把培养学生的"和善品格"作为和雅德育的主线，让"和善品格"成为学生将来立足社会的精神源泉，让学生既自得其乐，又乐于助人。为此，学校围绕"五爱"（爱老师、爱朋友、爱父母、爱祖国、爱自然）教育，在学校、家庭、社区中开展了一系列的"爱心教育"行动研究。

1．孝心教育

百善孝为先。"孝"是做人的根本道德。学校每年结合"三八"妇女节、母亲节、父亲节、感恩节和寒暑假，组织学生参与"爱父母"的亲情体验活动,填写爱心记录卡、撰写爱心日记等,在活动中体会父母的辛勤工作,学会用行动报答父母的爱;利用每年的寒暑假开展"感恩十星"、"劳动十星"、"温馨的一家"活动,融洽亲子关系,从小养成关心父母、家人的好习惯,进而培养对父母的孝敬之心。

2. 敬师教育

和雅德育重视学生学会尊敬老师,"师道既尊,学风自善"。为此,学校每年利用9月10日的教师节,有计划、有组织地开展"爱老师"的专题教育活动:制作敬师卡、给老师献花、开展以"我和老师之间的故事"为主题的绘画和征文比赛、以"爱师"为主题的诗歌征集活动等,唤起学生回忆老师平日艰辛劳动的情景,感受老师对自己的点滴关怀之情,从而使学生懂得在心里要感激老师、在行为上要尊敬老师、在学习上要听从老师的教导。

3. 互助教育

和雅德育鼓励学生从服务父母、老师、同学(同伴)和长辈做起,在帮助他人的过程中培养爱心和责任感。学校每年结合学雷锋纪念日、重阳节、元宵节、中秋节等日子,以及围绕上级布置的"做一个有道德的人"主题教育系列活动的开展,由学校的特色小队——"小水滴"爱心小队带领全体学生参与"关爱他人"的活动中去,让学生们体会对他人的关爱和帮助是一件很有意义的事情,学会用实际行动去关爱他人、帮助他人。

4. 爱国教育

热爱祖国是每个公民的义务。《小学生守则》和《中小学生行为道德规范》也明确地提出热爱祖国的要求。为了培育学生胸怀"天下兴亡,匹夫有责"的远大抱负和历史重任,每年学校都结合国庆、"七一"、建队日等节日,组织学生开展绘画、手抄报、征文、表演等形式的庆祝活动,如在新中国成立60周年之际,组织开展"祖国发展我成长"爱祖国大型庆祝活动;号召师生观看新中国成立60周年国庆大典等活动,让学生了解中国发展史,共同感受祖国的繁荣昌盛和日益强大,增强作为中国人的自豪感,从而培养爱国情怀和树立建设祖国的责任意识。

5. "天人合一"的环境教育

和雅德育立足于"天人合一"的核心理念,推行本校的生态文明教育,鼓励学生用自己的生活行动让水更清、让天更蓝、让花更艳、让地球更美丽，培养学生的环境意识和护绿能力。为此，学校整合"植树节""世界地球日"等环保节日，进一步巩固学校创建的"广州市绿色学校"成果。学校开展了"小纸团再利用——蚂蚁军团行动""我与小功同成长，赤小鲜花迎亚运"等系列主题实践活动，让学生明白"爱自然"就是从身边的每一件小事做起，让学生树立人与自然"和谐共生"的意识。

（三）文化怡情

和雅德育把校园文化作为全面育人、展现学校办学理念和办学特色、发展师生文明行为的重要平台。校园文化在这里被视为"隐性课程"，作为正式的显性课程的延伸和补充，发挥无形的教育力量。学校坚持以学生为主体，引领全体教师积极参与整合和发挥学校、家庭、社会三方面的力量，共同营造良好的校园文化氛围，为师生陶乐、陶行、陶情提供相应的条件。

1. 建设以"和乐"为主题的校风、教风和学风

在和乐教育课题的引领下，学校重点落实校风、教风和学风"三风"建设。把"三风"文化作为衡量学校教育质量和精神面貌的重要标志，以此推进教师专业发展，促进学生素质提升。在教风方面，引领教师注重鼓励学生积极参与各种学习活动，实现教师乐教，学生乐学。鼓励教师从教学内容的设计、教学方法的选择、教学手段的采用、激励评价的方式、师生关系的营造以及作业的精心设计等方面，探索新的教学方法。在学风方面，鼓励学生积极主动参与课内外各种学习活动，发展多方面的学习兴趣和热情求知的学习情感，通过学风和教风建设来营造整个学校文化建设。

2. 注重以校园环境文化陶冶"和乐"性情

和雅德育把校园环境作为校园文化建设的重要环节，以和乐的环境陶冶师生的和乐性情，让环境发挥教育的力量。良好的校园环境建设应将学校与地域文化特色展现出来，不仅展示学校面貌，更象征学校文化。学校精心布置校园环境，精心设计"办学理念、校训、育人目标"的特色装饰，建造绿草如茵、花儿绽放、花香漫溢、乌龟闲游的幽雅舒适的和乐休憩苑，还重点设计了"和乐"校园文化宣传栏，有"五爱"教育、环境、科技、三字经、增广贤文、论语、安全知识等，突出"雅而通达，乐而不同"，营造"书香醇美，雅致和乐"的氛围，达到学校处处皆有教育之功效，从而陶冶"和乐"性情。

3. 以"和乐"为主题开展特色活动，陶冶人文情操

为了孕育和乐精神，学校有目的、有计划地举办丰富多彩、积极向上的"和乐四节"特色活动。学校举办以"与鸟同行，展翅飞翔"、"我发明，我创造"等为主题的和乐科技节，培养学生动手能力、创造能力和合作意识；举办以"舞炫金色童年，唱响和乐新章"等为主题的和乐艺术节，培养师生的自信心、艺术素养和审美情操，让师生学会欣赏美、表现美、创造美，让其特长得到发挥，个性得到张扬；举办以"强健体魄促成长，拼搏同圆中国梦"等为主题的和乐体育节，提高全校师生强身健体的意识，培养学生奋勇拼搏和团队合作的精神；学校还举办"书香最致远，经典润童心"等主题鲜明的和乐读书节，激发学生读书热情，提升学生读书质量，逐步培养"腹有诗书气自华"的优雅气质。同时，学校还创建书香校园，评选读书小博士，出版校刊和每两年编辑出版一册学生作文集，多形式、多途径推动学校形成厚重的校园文化积淀和清新的校园文明风尚，使学生在日常学习生活中接受先进文化的熏陶和文明风尚的感染，在良好的校园人文环境中陶冶情操，促进他们全面、健康地成长。

"和乐教育"关注人的发展，而喜闻乐见、丰富多样的课程才能更好地发展人的个性。为培育"体魄强健、行为优雅、性格开朗、心地善良、乐思善学"的雅慧学子，丰富学生的课余生活，为学生发展才艺提供舞台，拉近学生之间的距离，增进学生之间的感情，学校还积极组织多种社团活动，兴发学生积极参与，乐在其中。

二、心理健康教育策略

良好的个性和健全的人格是培育雅慧学子的先决条件。心理健康教育是帮助学生完善个性的教育，是实施素质教育的重要内容。培养学生的健康心理，就是通过有效的方式，培养学生具有健全的个性。

受"物欲化、粗俗化、冷漠化、躁动化"这四种倾向的社会心态危机影

响,加上大多孩子都是家庭的独生子女,家长教育方式方法不当等原因,儿童心理健康问题日益增多。学校育人的任务不再仅仅是培养学生具有良好的政治素质、道德素质、文化素质和身体素质,还要培养学生良好的心理素质。

在新的教育形势下,教育工作者应努力培养孩子的健康心理,让孩子健康地学习和成长。学校很重视学生的心理健康教育,学校的心理健康教育课全部由班主任和学校心理辅导员兼任,同时,全体教师能结合学校工作实际,在各学科教育教学活动中有针对性地对学生开展学习心理辅导。

(一)学生的心理健康教育贯穿于学校工作全过程

心理健康是指一种合乎某种社会水准的行为,一方面个体的行为能被社会所接受,另一方面它能为个体本身带来心理上的自我完善和积极发展。在学校开展的实际调查中,我们发现,由于班与班、学生与学生之间存在着一定的竞争关系,或者教师、家长教育方式的激进,使部分学生感到压抑、委屈、沮丧、反感,甚至愤恨,由此导致学生出现情绪不能自控、自卑、孤独、以自我为中心、嫉妒、不合群等不健康的心理现象。为此,学校把开展心理健康教育活动纳入学校工作的议事日程。

首先,我要求行政在制定部门工作计划时,要把心理健康教育融入"德、智、体、美、劳"五育活动中,研究学生应该具备怎么样的心理才是健康的心理。其次,我要求教师要不断提高自己的心理素质,给学生正面指导。班主任和学科教师在教育教学活动中要有机渗透心理健康教育以及营造一个有利于学生心理健康成长的氛围,增强自身的教育意识,提高辅导技巧和水平。最后,我还要求教师在日常工作中做好过程性资料的积累,初步建立个别学生心理健康档案,并做好学生心理健康培养工作。同时,坚持集体辅导和个别辅导相结合的方法,尽可能做到不落下一个学生。

(二)注重营造培养学生健康心理的育人氛围

榜样的力量是无穷的。除了注重发挥校园环境潜移默化的作用外,学校充分利用时代英雄的榜样作用对学生进行心理健康教育。苏霍姆林斯基说:"儿童的心灵是敏感的,它是为着接受一切好的东西而敞开的。如果教师诱导儿学习好榜样,鼓励效仿一切好的行为,那么,儿童身上的所有缺点就会没有痛苦和没有创伤地、不觉得难受地逐渐消失。"我鼓励教师充分利用时代英雄的榜样作用,鼓励学生向榜样学习,培养学生健康的心理。例如,在小学语文、思品课教学中,教师可以充分利用教材中的爱国志士和伟大人物的事迹,对学生进行意志训练、耐挫教育,让学生感受生命的意义和价值,使他们树立正确的人生观、价值观和世界观。

(三)正确引导和及时处理学生的心理问题

1. 正确引导学生形成健康的心理

我要求教师在平时的教育教学活动中有意识地正确引导各层次的学生形成健康的心理。在一个班集体中,优生极易被重视,而学困生极易被忽视。实际上,对于学困生来说,他们的心理压力比一般学生还要大,家长的批评、老师的漠视、同学的讥讽极易给他们的心理造成不良影响,如自卑、敏感、厌学等等。因此,我校教师在日常的教育教学活动中注重面向全体学生,努力做到有教无类、因材施教;在班级文化氛围的营造上,鼓励和引导学生形成"互帮互助、团结友爱"的氛围,开展"一帮一"活动;在课堂上,教师注重"活动工作坊"设计,注重全员训练,让每一个孩子都能在同位交流、小组交流时表现自己,在全班交流时进行自信的展示;在学生汇报的过程中,教师注重引导学生树立正确的人生观、价值观和生活观,培养健康的个性和心理素质。

2. 及时处理学生的心理问题

造成学生出现心理问题的原因有很多,但大多数跟家庭和教师的教育方式有关。针对不同问题类型的学生,我们及时采用不同的教育方法,或循循善诱,或动之以情,或晓之以理。平时,教师尽全力关爱学生,在生活上照顾学生,在学习上指导学生,注重情感投资,拒绝粗暴,奉献师爱,因势利导,拉近师生之间的心理距离,消除学生的抵触情绪,用放大镜发现他们的优点,创造机会让学生表现自己、肯定自己,得到别人的认可,培养他们的自信。此外,学校专门成立心理咨询室,由心理科组长组织本校部分教师轮流值班,引进社区心雅健康教育资源定期在心理咨询室接待学生,疏导学生的心理问题;对学生的辅导做到有计划、有方案、有辅导记录。

三、"三结合"教育策略

教育要形成合力,需要学校、家庭和社会三方协同共育,构建同心同向的全员、全过程、全方位的育人格局,共同为学生的健康成长和全面发展创造良好的教育环境。为此,我带领团队在"三结合"教育方面做了一些探索,取得良好的管理成效。

(一)通力合作,构建和谐家校

1. 办好家长学校,提高家长育儿技巧

家庭,是孩子的第一所学校,是孩子的终身课堂。父母,是孩子的第一任教师,也是终身教师。孩子的健康成长,离不开良好的家庭教育。良好的家风,在孩子的成长过程中起着举足轻重的作用。因此,想办好学校,就必须重视培训家长。培训好家长,就等于给教师培养助手。为进一步提高我校家长教育孩子的技巧,每学年我都会认真策划和召开新学年一年级新生家长会。小学六年影响孩子一生,开好头非常关键。我从办学理念、培养目标、教育方法、沟通技巧等方面对新生家长进行全方位的培训,希望家庭教育与学校教育保持同心同向。同时,我还在每学期期初和期中,结合学校的工作重点,对家长进行《坚持阅读,给孩子以精神粮食》《家校联动,共育健苗》《关注孩子成长,共创美好未来》《创和乐校园,育雅慧学子》《家校齐携手,孩子乐成长》《把握家教关键,注重言传身教》《青少年心理发展与亲子沟通》《家长与课改同行》等专题讲座,更新家长的教育理念,引导家长科学、有效教育好孩子,丰富家长的育儿经验。学校每年会举行家长开放日活动,让家长进入课堂观摩,或参与学校的和乐艺术节、和乐读书节、和乐艺术节、和乐科技节等大型活动,以增进家长对学校、教师工作的了解和理解,对孩子在学校学习生活的了解,更好地配合学校教育自己的子女,加强学校与家庭之间的沟通和协调,提高学校教育和家庭教育的整体效能。

每学年学校至少召开四次全校性的家长会,包括新生家长会、毕业班家长会、全校家长会。在家长会上,我和我的团队会就学校取得的成绩、重大的改

革举措、学校面临的问题以及教育热点问题等向家长进行宣传、汇报和说明，并系统地介绍学校的办学文化和办学特色，形成家校"一盘棋"的格局。各科老师与家长面对面交流，家长与家长之间相互交流，让家校配合更加密切和顺畅。随着信息化的不断推进，学校也逐步完善网上家长学校的建设，通过网站、Q群、微信群、企业微信群等实现家校网上互动，进一步创新家长学习方式和沟通交流方式，多渠道更新教育观念，丰富教育孩子经验。

2. 建立家长委员会，构建有效工作通道

家委会是学校和家庭的纽带和桥梁。每学年，学校都会聘请新一届学校家长委员会。由班主任推荐家教有方又热心公益的家长代表，组织起学校家长委员会和班级家长委员会，为学校的管理出谋献策，如学校章程、学校教育教学重大改革、学校食堂和学生春秋游、课后特色托管、学生校服的选择等，均由学校家长委员会代表参与研究与决策；学校食堂的食品安全、服务质量，校级家委会也全程参与监督。班级家委会也发挥家校沟通的桥梁作用，成为班主任的左膀右臂，家委们积极参与班级管理活动，为其他家长志愿服务，特别是在国家实行"一费制"和"义务教育全免费"之后，涉及到有利于孩子学习但又与钱有关的敏感问题，均通过班级家委会来沟通，由家长们集体决策解决问题，家校合作成效显著。

3. 组织家长义工，营造协同育人格局

有些家长可能不了解学校教育本质，不理解学校办学举措，所以对学校和教师的一些做法和要求持不认同、不支持的观点。要改变这种观点，最好的方法就是让家长走进校园，了解学校工作情况，体验学校与教师工作的不易，然后以家长的亲身体验去对本班家长进行现身说法。因此，自2009年以来，学校运用家长资源，每学年组织多次的家长义工活动。不论是班级的小型活动，或是学校的大型活动，如和乐艺术节、和乐体育节、和乐科技节、家长开放日、与省内外的学校开展"手拉手"活动等，都可以看到家长义工活跃的身影，他们有的帮忙维持班级秩序，有的进行现场活动指导，有的帮忙给小演员化妆，有的忙于拍摄照片，俨然是学校的一分子，与教师协同育人。

4. 坚持家访活动，实施因材施教策略

家访是家校联系的重要手段之一。家访既可以起到教师与家长协调沟通的

作用，又可以融洽师生感情。为提高家访工作的质量，家访时学校要求老师做到有计划、有对象、有目标、有内容、有记录、有效果，让家访真正成为建立起教师、学生、家庭三者的互动关系，成为德育工作的有效抓手。我特别提醒教师，要让家访成为教师了解学生成长环境，实施因材施教的重要抓手，千万不要变质为告状的平台。所谓"亲其师而信其道"，只有让孩子喜欢老师、信任老师，才有可能尊重老师，愿意听从老师的教诲，教育才能取得实效。

（二）落实"三聘"，构建和谐社区

标准化学校的建设，使各校的管理架构越来越完善。按照上级的工作部署，结合本校的实际情况，我校成立了德育领导小组和家庭教育领导小组，组长由我亲自担任，副组长由德育主任、少先队总辅导员担任，组员有级长、班主任代表，还聘请了专区治安民警任法制副校长，聘请社区的一些同志和家长代表为校外辅导员，通过学校、社区、家庭三结合，加强了学校对德育工作的管理，提高了德育工作的计划性、针对性和实效性。学校充分发挥法制副校长、司法所法律顾问和校园卫生指导员的引领作用，校园周边治安防控和整治进一步得到加强，为学生的学习创造良好的校园和社区环境。除了"三聘"工作，我校还充分发挥各德育基地的作用，尽一切力量为育人营造良好的氛围。如继续组织五年级学生参加教育实践活动，利用教师节、中秋节举办每年一度的社区代表座谈会。我们还发挥地域优势，挖掘社区资源，让教育伸展到社区中：我们与海军基地签订军民共建协议，与竹园居委签订校外劳动实践基地协议，与校外企业合作，开展丰富多彩的校外实践活动，逐步建立全社会"同心、同向、同步"的"合力联动"的大德育体系。

（三）完善管理，构建和谐制度

常规管理对于学生养成自觉遵守纪律的良好习惯和建立正常的秩序有十分重要的意义。为此，我和团队在多年的德育实践工作中不断完善学校的德育管理规范，形成了学校的《德育管理工作手册》。其中，《赤岗小学家长及学生投诉处理制度及实施办法》被编入《海珠区中小学德育工作制度汇编》。在德育工作中，我校注重绩效，实行评优争先激励机制，《赤岗小学班主任（副班主任）工作评优、奖励制度》、期末评选"优秀生、进步生"等校际荣誉称号、每月评选"和乐之星"等等，成为我校常规德育工作。完善的德育管理制度，让学校各项德育工作得以顺利开展，并达到德育预期目标。学校曾获得海珠区德育工作创新奖三等奖。

立德树人，是家庭、学校、社会的共同任务。培育和践行社会主义核心价值观，弘扬中华优秀传统文化，培育德、智、体、美、劳全面发展的学生，需要学校教育、家庭教育、社会教育形成合力，构建"三同"育人格局，共同促进未成年人健康成长。

第七章 和乐教育行动研究的效果

自 2007 年 4 月开始,我在赤岗小学开展"和乐教育的行动研究",历经校长任期 13 年。在这十多年中,我们一直致力于"探究和雅德育、实践和乐课堂、打造和慧团队、建设和美校园"的行动研究,在全体教职员工、全体学生、全体家长的信任、支持和积极参与下,学校在教学改革、德育创新、教学质量提升、人才综合素养培育、校园文化建设等方面取得了显著的研究成果和办学成效。从 2013 年 9 月至 2019 年 7 月,我和我的团队在省内外作了 31 场次关于"和乐教育的行动研究"相关经验介绍,辐射多达 150 多所学校,使和乐教育遍地开花。学校于 2016 年 3 月 25 日由广东教育学会主办、赤岗小学联合新港中路小学和南武小学(成果推广学校)协办的面向全省的"和乐弘学心连心 特色育人显姿才"——和乐教育办学成果展示活动,得到了与会领导、同行的高度赞誉。近十年学校的和乐艺术节、和乐读书节、和乐体育节、和乐科技节,也成为学校的品牌活动,深得家长认可。无论是 2016 - 2018 学年连续三年的广州市阳光质量评价,还是从 2009 学年以来的广州市海珠区教学质量抽测,学校的教学质量一直稳居前列,个别学科甚至名列前茅,我校的《海珠区赤岗小学 2018 年基础教育综合评价报告》获得海珠区一等奖。学生的综合素质得到同行的认可,中学的优质学位青睐我校的优秀毕业学生。在毕业生的跟踪中,我校很多毕业生入读"985"、"211"大学,如 2008 届毕业生辛极同学毕业六年后入读清华大学、2008 届毕业生陈昱荃同学毕业六年后入读国防科技大学、2013 届毕业生安伏飞、2014 届毕业生覃尔迪同学毕业六年后也入读西安交通大学等等。2016 年毕业班有 4 位同学考入华南师范大学附属中学奥数班(全省选拔 80 名学生)……学校创建"和乐教育"办学特色也卓有成效,于 2013 年 11 月被评为广州市海珠区首届义务教育阶段特色学校,2014 年 11 月被评为广州市第二批义务教育阶段特色学校,并代表海珠区上台接受牌匾,2015 年上半年代表海珠区在广州市分享学校的"和乐课程"建设经验。2010年、2014年我也先后在全区的中小学校级干部培训会议上作课题研究和特色学校创建的经验介绍,2012年和2015年在海珠区"十二五"、"十三五"教育规划课题负责人培训班上作学校面上课题开展和课题成果提炼与呈现的经验介绍。教师专业得到成长与发展,教师专项课题获省、市、区立项10个,发表教学论文43篇,课例获奖31个,培养名师和学科带头人26人。自2007年以来,学生参加各项学科竞赛活动,共有2565人次获奖。

一、教师印象:关于和乐教育的体验

经过多年的办学实践,学校的和乐教育取得了丰硕的成果,和慧教师百花齐放,雅慧学子自主成长,学校也获得显著发展。在进行和乐教育实践的过程中,我不断思考、不断学习、不断改进,追随"和乐教育"的梦想,成功创建和乐教育办学特色。为了探查和乐教育行动研究的经验与问题,我特别访谈了参与行动研究的部分教师,请他们说出他们参与的感受以及相关经验。

(一)关于兴发教学的印象①

问:舜怡,咱们学校开展"和乐课堂的实践研究","和乐课堂"是基于"兴发教学"理念,为了兴发学生的学习兴趣,您在教学管理实践中,指导教师们采取了哪些有效的"兴发"策略?

彭舜怡:卢梭对教育者有这样的建议:"你要记住的是,不能由你告诉他应当学习什么东西,要由他自己希望学什么东西和研究什么东西;而你呢,则设法使他了解那些东西,巧妙地使他产生学习的愿望,向他提供满足他的愿望的办法……问题不在于教他各种学问,而在于培养他有爱好学问的兴趣,而且在这种兴趣充分增长起来的时候,教他以研究学问的方法。毫无疑问,这是所有一切良好的教育的一个基本原则。"刘良华教授也说:"好的教师从来不会丢弃知识教学,但他会需要随时随地提醒学生'先立其大者'。知识或书本知

---

① 本节由彭舜怡撰写初稿。

识只是手段,是为实现生活情趣和人生志向、解决实际问题的工具。"这就说明,教师的首要责任不是讲解知识,而是激发、引发学生持久地主动学习的意向、意志和意趣,这里包含三个方面:一是在课堂教学和各项活动中能善于创设丰富多彩的情景,让学生进行学习体验,过程设计符合学生认知规律;二是能够面向全体,对不同的学生进行相应的教学;三是能及时反馈评价,实施多元(多种方式)评价,使被评价的学生得到成功的激励。经过实践,我们总结了以下的兴发策略。

第一,情感兴发。情感是人的行为的动因,能直接转化为学习动机。老师对事业、对学生的感情,学生对课堂、对老师的情绪,都直接关系到教学的成败与创新的有无。因此,在教学中教师从热爱学生出发,情感和教育双投入,创设良好情境,并与学生一起保持高昂、和谐的课堂情绪是十分必要的。我校教师注重从这三方面入手:其一,激发学生学习兴趣。如在实践过程中,我们的语文老师注意运用绘声绘色的语言,利用多媒体创设丰富的情境、语文知识的特点等来激发学生的学习兴趣。又如体育老师发现在趣味体育游戏的教学中,教师采用丰富多彩的练习方法和练习手段,使学生乐于参与其中,改变了体育教学原本枯燥乏味的反复练习和动作掌握,让学生在玩中学、学中玩。其二,营造浓厚学习氛围。和谐的师生关系是双赢的关系。这种关系不仅能使学生轻松愉快地上好每一节课,而且教师也会从中收获无穷的快乐。如根据小学生的心理特点,体育老师把教材的教学内容提炼成一些"儿歌"、"顺口溜"等,并使学生尽快明确游戏的方法及动作要点。如数学老师复习"百分数"中,让学生从"猜家具价格"这个游戏开始,让每个学生把自己猜中和每猜中的次数记录下来,再让他们自己分别求出百分比,再提出关于百分数的数学问题。而语文教师为了激发学生阅读的兴趣,调动他们的阅读积极性,会把教室环境布置得富有书香气,建立班级图书角,倡导孩子们把家里看过的或不看的图书带来学校,和同学一起分享阅读故事,共同学习,共同感受阅读带来的快乐。其三,教学中充沛的情感。老师在教学活动中的情感对学生有直接感染作用,老师饱满积极的精神状态,能营造一种良好的课堂氛围;老师充沛的感情,能使学生受到深深的感染;老师绘声绘色的描述,可诱发学生的情感体验。当然,保持高昂和谐的课堂情绪,光靠老师的情感投入是不够的,老师的情感应能及时根据学生情绪的波动而进行调整，以便及时调动感染学生的情绪，使学生的情感也能最大程度的投入。

第二，知识兴发。不同学科的知识都有自己的特点，而且有些知识的特点使它本身就很吸引学生，我们的教师在教学中注意把握本学科知识的特点，找准生成点，使教学事半功倍。如在识字课教学中，教师引导学生从古代造字的方法入手，从汉字的音、形、义落实，帮学生识字，同时还鼓励学生的创新精神。例如，通过象形字、会意字等培养学生的观察力、记忆力和想象力。识记生字时让学生自己创新识记方法，比如编字谜、编口诀、编故事等。孩子们自己编的字谜也许粗糙了一点儿，或者说不够完美，但在编造字谜的过程中他们会对某个字反复推敲，多次研究。当孩子们的思维进入自觉积极的状态中，学习生字就成了轻而易举的事情。又如数学老师在教学"搭配中的学问"一课时，为使学生学会上衣与下装的搭配方案，在教学中设计让孩子们利用漂亮的图片分小组在纸板上摆出搭配的方案的教学活动。在活动中，学生不但找到了六种方法，还通过摆学具，懂得了不管是上装搭配下装，还是下装搭配上装，都要做到有序搭配，就能够不重复、不遗漏地把所有方法找出来，在快乐的教学活动中很自然地就使孩子们学到了有序的思维方式和简单的排列组合方法，使得学生很容易就掌握了正确的思维方式和数学知识。

第三，角色兴发。在教学过程中，教师要起主导作用，正确地处理教与学的关系，充分发挥学生的主观意识能动性，提高学习知识的兴趣。从以下几点入手：首先，注重示范教学。如信息技术老师用电脑绘画，并总结出电脑绘画的一些方法与技巧，然后制作成微课供学生随时学习。语文、英语老师注重课堂上的范读等。其次，对学科充满热爱。教师对自己教授的知识的激情、兴趣与认识，引起学生的兴趣与共鸣，如美术老师会鼓励学生发现生活中的美，让学生仔细观察身边的风景人物，并用画笔记录下来。语文教师不仅要读经典作品，还要多接触少儿报刊、图书等，根据学生的胃口推荐适合他们阅读的报刊，把适合学生阅读的书籍带进教室，供学生传阅。再次，注意引导方法。如信息科教师训练学生学电脑绘画，都是从跟着教师的演示进行绘画学习开始，从局部到整体，一步一步直到能独立进行绘画，这便是达到了很好的师生配合默契的效果。

第四,问题兴发。一个好的问题能让学生的思维"灵"起来。问题情境,使学生产生明显的意识倾向和情感共鸣,引发学生疑惑。我们的老师注意做到如下几点:一是创设问题情境,激发学生学习兴趣。布鲁纳说过:"学习最好的刺激乃是对所学教材的兴趣。"如数学教师在复习《分数乘法与分数除法》时,教师问:这么多分数乘法与分数除法算式,它们之间有什么联系呢?从而引出倒数的认识。问题情境创设,激活了学生的思维,促使学生产生解决问题的愿望,让学习由被动变主动,让学生原本平静的脑细胞突然"灵"起来。如音乐科的教师还尝试从"把握节奏,适时提问"、"变换角度,灵活提问"、"面向全体,分层提问"去细化问题情境的创设。二是注重启发引导,培养学生问题意识。我们教师还非常注重培养学生本身的问题意识,因为学生的积极思维往往是由问题开始,又在解决问题的过程中得到发展的。问题往往产生在学生学习过程中,问题的提出者应当是学生。《新课标》提出:学生是学习的主人,教师是学习的组织者、引导者与合作者。教师要根据教学内容设计一些具有指导性和启发性的问题,如"自己试着做一做"、"你能提出哪些问题"、"大胆猜想一下"、"你发现了哪些信息"等等,为学生提供积极思考、合作学习和自主探索的空间,把学生的思考不断引向深入。对于学生在课堂上产生的各种问题,我们的老师允许学生充分表达,并且还不失时机地进行选择,选取有价值的问题让学生进一步去探究。同时,教师还善于把预设中的问题转化为学生学习活动中碰到的现实问题,让学生产生强烈的探究动机。教师千方百计从小的具体问题入手,引导学生,让学生们在发现问题、提出问题、分析问题和解决问题的过程中享受成功的喜悦。

第五,游戏兴发。根据小学生的认知特点和兴趣爱好,他们对于游戏活动充满了兴趣和渴望。游戏策略是我们各个学科教学喜闻乐见的形式,在教学过程中,教师根据学生年龄特点,通过具体的、充满趣味的游戏活动,将教学内容形象化、生活化,使学生在轻松愉快的学习氛围中获得知识,提高学习的兴趣。如何运用游戏激发兴趣?第一,做好游戏前的准备。教师充分做好游戏教学前的准备,是进行游戏教学的前提条件。第二,老师们认真钻研游戏的目的、方法、规则等内容,运用生理学、心理学、教育学等学科的知识分析游戏,深入理解和掌握游戏所蕴涵的意义,去把握游戏的实质,确定游戏教学的

第七章 和乐教育行动研究的效果

难点和重点，选择恰当的教学形式、教学方法和手段。第三，教师在游戏教学前，研究游戏的结构，分析游戏的构成要素，从场地器材、参加人数、游戏路线、活动方式、游戏规则等方面进行思考，使一个游戏可以演变成一系列的游戏，以便在今后教学中根据具体情况变化着用。第四，重视丰富游戏的形式。要更好地吸引学生的注意，教师要丰富游戏的形式。利用趣味性的游戏开展教学活动，符合儿童心理特点。让学生对课堂充满兴趣，能让学生积极、主动的投入到练习中，能让学生的身心得到更好的锻炼。因此，我校的老师注重"互动型"的游戏教学方法，通过生生之间、师生之间的合作、交流，培养良好的团队精神和合作意识，从而促进社会交往能力的发展。

第六，故事兴发。故事寓教于乐，适合小学生的心理特点，在课堂上运用能很好地吸引学生的注意力，还能有效地拓宽他们的知识面，培养孩子对学习知识的兴趣，对孩子的课外启蒙教育有很好的效果，是开启儿童智慧大门的一把钥匙。听故事可以丰富儿童知识，同时提升思维能力和想象能力，促进儿童的思维更加细微准确，想象更加斑斓、开阔。利用故事所创设的教学情境能引起学生健康积极的情感体验，使得学生的学习快乐主动，让学生形成良好的学习体验，从而敞开求知的心扉积极地等待教师的引导。如数学老师在复习《鸡兔同笼》时问学生：是否还记得昨天鸡和兔关在一个笼子里的故事，今天关在笼子里的是乌龟和小鸭，数数头一共是……通过故事连接的知识使学生"活"起来，引发学生注意力，更能使学生体验到数学知识解决实际问题的成功感，从中感悟到数学知识与实际生活紧密联系。另外，语文老师还把通过分享故事作为培养孩子阅读兴趣和养成阅读习惯的切入口。把分享故事引进课堂，并不断实践和改进，在长期坚持下，达到了新课标的阅读要求，既让学生喜欢阅读，又养成好的阅读习惯。第一重视讲故事。利用一切可利用的时间见缝插针地给孩子讲童话、寓言故事。用夸张的动作和表情、抑扬顿挫的声音活灵活现地讲述着故事，孩子们个个听得津津有味。第二乐于讲故事。为了让孩子对讲故事产生浓厚兴趣，老师每周利用阅读课时间组织学生进行讲故事比赛。先请一些胆大的孩子上台讲故事，给予热烈的表扬。孩子讲故事的欲望被点燃之后，每周都会积极去准备故事。后来越来越多的孩子有要上台讲故事的愿望。第三人人讲故事。教育是面向全体，而不是个别。为了让每个孩子都得到展示的机会，老师通过建立小组分享故事入手，从"科学建组—培养小老师—注重引导—激励发展"几个方面让学生在分享故事中增加识字量，锻炼了语言表达能力，明白了做人的道理，提高组织能力，乐于合作，课外阅读的习惯也慢慢养成了，真是受益无穷。

第七，操作兴发。教育家陶行知先生说过："教学就是一件事，不是三件事。我们要在做上教，在做上学。"做，就是要动手去体验，体验生活，体验知识，体验社会。而手的操作直接促进学生视觉、触觉、动觉及感知觉的发展和相互间的协调。我们教师通过在课堂上引导学生多动手，从积极参与实践活动中获取知识。做法有：其一，引导学生乐于动手。心理学家皮业杰说：儿童的思维是从动作开始的，切断动作与思维的联系，思维就得不到发展。鼓励学生大胆动手，保护学生的动手热情。在学生动手操作时，教师应该面向全体，因材施教，启发他们积极参与，让每个学生都动手操作，而且都能体验到成功的乐趣。如语文教师让学生"演"中学。在识字教学过程中，如果遇到抽象的、难以理解的、表达动作的生字时，让学生运用身体的部位、面部表情，在表演中识字，是一种行之有效的方法。如在学习"摇、推、摆、挂、找"等字时，引导学生创造合适的动作表情进行表演，使学生在很短的时间内都记住了这些字，而且加深了对汉字含义的理解。其二，引导学生善于动手。让学生通过观察、演示、动手操作，获得对抽象概念、定理、结论等的感性认识，再通过加工上升为理性认识，是一种学生在教师的启发和引导下对知识发现过程的体验。在数学、科学、信息、音乐等操作性强的学科大力提倡实验教学。对于实践操作成功的学生，教师及时给予表扬和鼓励。对于操作能力差的或有失误的学生也应肯定其敢于大胆动手操作的勇气，使每个学生都能自始至终地保持强烈的动手欲望和兴趣，养成大胆动手的习惯。

第八，情境兴发。生活即学习，一切知识来源于生活。培根说过：没有经验，任何新的东西都不能深知。越是贴近生活的、符合学生年龄特征的，就越容易被孩子们接受。要激发学生的学习兴趣，我们主张"从生活中来，到生活中去"。我们老师的做法有：其一，在课堂上创设生活情境。生活为课堂提供了丰富的资源，关注儿童现实生活，从儿童现实生活中普遍存在的问题入手，生成教学活动主题，通过生活化的情境创设和课堂活动，引发学生体验的

第七章 和乐教育行动研究的效果

生成。如品德教师在教学《中国真大》一课时，为使教学内容更加丰富，教学更有实效性。教师巧妙地创设了旅游的情境，让学生置身于特定的生活情景中：出示寒假同一天三亚海边和哈尔滨溜冰场的相片。让学生观察相片上人物衣着和景物的不同，通过对比教学法，巧妙地使学生感受中国疆域南北跨度大带来了温差不同，出现"南方穿彩裙，北方飘雪花"的景象。教学内容新颖、多样，既贴近学生生活，也无形中减低了学习难度了，也达到了促进学生情感、兴趣发展的效果。英语课堂上，老师针对话题 Food we need，教学从实际生活中的中西饮食文化差异入手，从看图判断食品属于哪个国家到回信给外国小朋友，从读短文了解英国的饮食习惯到说出健康食品和垃圾食品等，学生在短短的课堂教学中获得愉快而美好的情感体验。有了英语学习兴趣之后，学生的学习态度和方法也会逐步提高。其二，课外拓展连接真实生活。教师应引导学生联系生活实际，向课外拓展延伸，让学生走向生活。教师还应该引导学生将课本知识与生活实际联系起来，拉近了学校与生活的距离，打破了课室空间的藩篱，并使其热爱生活，学会关心身边的人和事，促进其良好个性品质和行为习惯的养成。如学生在生活环境中，可以接触到很多汉字：同学和亲人的名字、商店的招牌、广告及超市中物品的包装物等，可以说，汉字无处不在。语文老师注意引导学生平时留心观察，随时随地识字，也不失为一个课外延伸的好办法。又如数学教师在统计教学中，老师请学生去统计本年级几个班的同学喜欢收看的电视节目的情况，并自己绘制统计图表，提出建议。这样，学生的兴趣非常浓厚，不仅巩固复习了所学知识，又提高了解决实际问题的能力，还培养了创造性思维，真可谓"一举三得"。

第九，资源兴发。为了让学生更加投入到学习中来，教师们注重运用多媒体教学。多媒体教学以其鲜明的教学特点，丰富的教学资源，形象生动的情境，充分调动学生的主体性，使学生在学习过程中真正成为信息加工的主体和知识的主动建构者，因此多媒体教学一直很受我校教师的青睐，成为主要的教学手段。

第十，"脚手架"兴发。著名心理学家维果斯基的"最邻近发展区"理论认为，在儿童智力活动中，对于所要解决的问题和原有能力之间可能存在差异，通过教学，儿童在教师帮助下可以消除这种差异，这个差异就是"最邻近发展区"。教学可以创造最邻近发展区。因此教学绝不应消极地适应儿童智力发展的已有水平，而应当走在发展的前面，不停顿地把儿童的智力从一个水平引导到另一个新的更高的水平。我们倡导教师进行支架式（脚手架）教学，在实践结果看来，搭建支架式教学更成为了有效的兴发手段。我校老师的做法是：其一，让预习成为课堂教学的重要组成部分。学生预习后的学习效果往往优于无预习的学习。为了让学生有效预习，也为了培养学生的自学能力，让他们拥有充分表达主见的机会，数学科组通过设计"预习任务单"自主作业和"小组合作学习"课堂学习方式来达成。其二，习作教学从"前作文"开始，教会学生"摄取生活素材"的本领。如果我们能把具体细致的"前作文"指导落实在课外，提前布置作文题目，让学生有比较充裕的时间和空间，通过观察、体验、搜集资料来打开写作源头，那学生的写作兴趣、写作质量明显提高。如在五年级下学期第三单元习作要求是写发言稿。教师事先宣布要改选班干部，鼓励学生积极参与。很多学生都踊跃报名，写好发言稿。学生都能从自己的优点、当上了班干部后怎么干、还有什么有待改进等方面写，内容充实，很有说服力。自定题目，写简单的研究报告。学生有的写"家庭用水情况的调查研究"，有的写"班上同学零用钱的调查研究"，有的写"班上近视情况的调查研究"，由于事先做了充分的调查，搜集了有用的资料，学生写出来的研究报告质量都有针对性，有一定的现实意义。

第十一，多元评价兴发。新课程要求，教师不仅要尊重每一位学生，还要学会赞赏每一位学生：赞赏每一位学生的特性、兴趣、爱好、专长；赞赏每一位学生所取得的哪怕是极其微小的成绩；赞赏每一位学生付出的努力和所表现出来的善意；赞赏每一位学生对教科书的质疑和对自己的超越。教师要用发展的眼光看待每一个学生，在评价过程中，不断发掘学生的闪光点，只要他们努力了、尽心了，我们都要诚心地为他们祝贺，真心地为他们高兴，不要吝啬鼓励性的词语。传统的评价内容过于笼统，学生听起来也是糊里糊涂，只知道老师表扬了他，但是老师为什么要表扬自己，自己又是哪里做得突出呢，学生心里根本没有一个明确的答案。德国教育家第斯多惠说："教学艺术的本质不在于传授，而在于激励、唤醒、鼓舞。"课堂上，教师是引导者、是点拨者、是鼓舞者、是激励者。教师的评价一定要有针对性，激励性强，要具体，不能千人一面、千篇一律。激励性评价的方式也是灵活多样的，它不仅仅局限于口头表扬，教师的一举一动、一句鼓励的话语、一个爱抚的动作、一个赞许的微笑、片刻的耐心等待等等，都能给学生的前进带来巨大的动力。

评价是对学生学习情况的检查与反馈，是对教学目标落实情况的验收。及时有效的评价能给予学生一种成功的体验或紧迫感，从而强化或激励学生好好学习，促使他们改进学习方法。评价方式要多元化，要以激励性评价为主，可采取自评、互评、小组评、教师评等方式，让学生感受成功，体验快乐。注重形成性评价和终结性评价相结合，促进学生进步。另外我们还通过特殊奖对学生进行激励。如对在科学探究中表现比较好的学生，科学老师会奖励一些特殊的奖品，如凤仙花种子、蚕豆种子、魔力豆、小磁铁等等，它不仅能够客观评价学生，而且在给出评价的同时，可以进一步帮助学生了解植物生长的规律或做一些课后探究了解科学规律等，由此增加学生的参与积极性和学习兴趣。这种评价方式，既奖励了学生，又更好地发挥学生的潜能，具发展性，为学生成长创造了一个良好的人文环境。

总之，兴发的动机明确，兴发的策略有效，课堂教学就会取得事半功倍的效果。

（二）关于范本教学的印象①

问：舜怡、有娟、素玲，你们在语文学科的教学中是怎样进行"示范—模仿—创作""范本教学"的呢？

彭舜怡（副校长、语文主管行政）、林有娟（语文科组长）、陈素玲：新课程标准明确指出，语文教学的过程就是学生、教师与文本之间的对话过程。文本就是学生学习语文知识、培养语文能力、提高语文素养的一个载体。依托文本就是借助课本上的范文，教学生学会读书、学会表达、学会描写。用教材中提供的文本做例子，让学生用自己的语言把身边所见、所闻和生活中的经历系统地表达出来，并用笔描述出来。叶圣陶先生说："教材无非就是个例子。"凭借这个例子，要使学生能举一反三，练习阅读和作文的技巧。任何语文教学

---

① 本节由彭舜怡、林有娟、陈素玲撰写初稿。

的新兴模式与改革都离不开文本，都是依托文本进行的。语文课标中指出："应该让学生更多地直接接触语文材料，在大量的语文实践中掌握运用语文的规律。"文本就是学生在课堂上进行语文学习、实践的凭借，课堂教学首先要依托文本，要引导学生积极地与文本对话、与作者对话。

我校强调学生的整体学习，而语文整体学习的重点是"示范—模仿—创作"，我们也称之为"范本教学"。具体的操作策略是，教师从教材中挑选出某些"美文"，将这些"美文"视为可模仿的范本，同时也给学生推荐课本之外的某个主题或某个作者的范本，鼓励学生自己去寻找某个主题或某个作者的范本，让学生体验同类主题或同一作者的写作技巧，使同类文本之间发生"互文本"效应。范本阅读与传统阅读相似但又有区别：传统阅读是独立的，而范本阅读直接指向写作。范本阅读并非阅读教学，而是"示范—模仿"写作教学的一个内在环节。范本阅读直接指向写作并通过写作来带动阅读。"示范—模仿—创作"表面上看是先阅读后写作，实际上，"示范—模仿—创作"是先写作后阅读，通过"以写带读"的途径反过来促进阅读。在"范本阅读"的过程中，虽然教师也会讲解阅读理解的技巧，引导学生理解课文，讲授语法知识及写作修辞等等，但是，"范本阅读"从一开始就指向"示范—模仿—创作"，目的性很明确。

因此，我们语文科组的老师在教学中注重营造轻松愉快的教学氛围，激发学生表达和运用的欲望，依托文本的表达方式，在意义理解中把握言语形式，在语言功能教学中习得语言方法、在言语活动中提高言语技能，从而加强语言文字运用能力的训练。具体步骤如下所示：①在意义理解中把握言语形式。在教学中，我们坚持对语言内容的理解，但会花大力气关注语言形式，让学生知道课文讲了什么、写了什么，更要领悟到课文是怎样讲、怎么写的，为什么这样说、这样写，让语文课堂教学回归到言意互转、言意共融的本来面目上。②在语言功能教学中习得语言方法。在教学中，我们让学生把学到的语言纳入到自己的话语系统，并加以模仿迁移甚至创造性地运用，从而最大限度地挖掘和发挥所选取的这个"点"的教学功能，这样的教学才能实现"例"的增值，真正促进学生语言能力的提升。③在言语活动中提高言语技能。阅读教学必须重视营造一个真实的读写情景场，让学生依文本产生的意义，结合自己对世界的理解和认识,"身临其境般"参与听、说、读、写事件的过程,自由表达思想和情感。

读与写紧密地结合地一起,做到立足于"读",着眼于"写"。在学生读通、读透,有所感悟和体会的基础上,进行"写"的训练。

(1) 仿写句子。句子是课文的基本构件,是课文主题的基本载体,是阅读教学的着力点,对那些用词准确、描述生动、形式特殊的句子进行仿写,是引导学生积累词句、锤炼语言能力的最佳方式。在教学过程中,教师要善于捕捉课文佳句,及时加以揣摩、仿造,引导学生从仿写中发现和掌握各种句子的词语搭配关系以及句式的特点,有效建立句子的概念,提高学生遣词造句的能力。小学阶段重点仿写的句子有:用词准确、刻画生动、描绘形象的句子,比喻恰当的句子,比拟形象的句子,排比手法运用恰如其分的句子,关联词使用得当的句子,等。

(2) 仿写段落。在教学中遇到一些描写精彩生动,或与学生写作结合紧密、有代表意义的结构段,尤其是课文的开头、结尾、人物肖像描写、心理刻画、对话方式、自然环境描写等精彩段落,都可以进行仿写。从段落的仿写中让学生了解按事情发展顺序、按时间顺序、按空间顺序、按先总结后分述、按先分述后总结、按并列段式等段的构成方式,逐步形成段的概念。从段落的仿写中让学生积累、应用描写人物肖像、心理、动作、对话以及自然环境等方面的词语,进一步夯实学生的语言基本功。从段落的仿写中让学生掌握开门见山、直奔主题,制造悬念、引人入胜,写景状物、渲染气氛等作文开头形式。从段落的仿写中让学生掌握篇末点题、提升思想,反照前文、首尾呼应,提出问题、发人深思,戛然而止、令人回味等结题技巧。

(3) 仿写课文。就是模仿课文的立意、构思、谋篇布局或表现手法,进行作文的一种写作训练方法。模仿是学习写作技巧的一条基本途径,也是掌握技能的重要方法之一。模仿的特点在于针对性强、有法可循,既降低了学习的难度,又能收到明显的效果。对于初学写作的学生来讲,我们应积极提倡模仿和借鉴范文,培养好文风。即使刚模仿时比较机械,也应加以肯定。如可以先进行课文结构的仿写,学构筑文章骨架。再如在教学《草虫的村落》后,教师让学生学会运用排比、比喻、拟人等手法写一处景点,将文章写得生动、形象。

(4) 进行续写练习。怎样续写？首先，要在读懂原文的基础上，以原文的结局为起点，写出故事情节的发展和变化。其次，要展开充分的想象与联想，做到合情合理、真实生动。最后，主要人物思想行为、性格特点、语言特点和风格上要与原文保持一致。续写可分为片断续写和全篇续写。阅读课上的续写以全篇续写为主，即学完课文后，根据原文的体裁、中心、结构、语言等方面的具体情况，再续写出一篇完整的文章来。如教学《穷人》一课时，引导学生想象写出：桑娜一家以后的生活……

(5) 展开想象，进行改写。想象力是创造力的源泉，如果没有想象，人类就不可能有创造发明。作文更需要有丰富的想象，语文课程教学标准提出，"写作教学应贴近学生实际，让学生易于动笔，乐于表达，应引导学生关注现实，热爱生活，表达真情实感"，特别强调"激发学生展开想象和幻想，鼓励写想象中的事物"。引导学生变一变、编一编、想一想……一定能写出立意新颖独特、富有创造性的妙文佳作来。教师以课文为基础进行改写，可以丰富学生的想象，拓宽学生的写作思路，提高学生的写作水平，还能激发学生的写作欲望，培养学生的写作兴趣。因为原文为学生提供了写作的依据，学生不愁"没什么写"，更主要的是为学生留下了很大的想象空间。教师试着把课文中的诗歌改写成记叙文，加上想象成分，或把说明文改写成童话故事，等等。如教师教学《蟋蟀的住宅》一课，引导学生跳出课文内容和插图的圈子，由画面内向画面外延伸，由课内向课外拓展，打开了学生的想象空间。把画面外必要的内容补充进来，于是学生不仅编出了"蟋蟀选房"的故事，更精彩的是续编出了"让我们学学蟋蟀"。这样的课例举不胜举。由于教师引导得当，所以，学生的思维能力得到了有效培养。如通过学习《鲸》，可以让学生写"鲸的自述"等；《秋思》这首古诗可引导学生先想象诗中描绘的画面，再改写成一个小故事；又如，文言文《两小儿辩日》改写为记叙文，不妨提供词汇积累，让学生学以致用，激发学习兴趣，拓展思维。

另外，教师们还将"范本"的视野投射到课外阅读之中，坚持课内交给学生读书方法，引导他们在课外精选读物，运用学到的方法阅读赏析，并作好读书笔记。教师根据各年级学生的实际情况，规定阅读与写读书笔记的具体目标。校内精心营造给学生展示读书所得的机会，激发学生大量阅读与写读书笔记的兴趣，达到大量阅读、大量积累的目的。由于有所借鉴、有所感悟和体会，此时的学生对"作文"也能"夸夸其谈"，也能"下笔有神"，也能感受作文所带来的自信与快乐。久而久之，学生对作文的兴趣与能力也就养成了。例如，学校每学期举办的"共同阅读，共沐书香"活动给学生提供读课外书、写读书心得的机会，为此学生读了不少课外书，摘抄了不少好词、好句，写了多篇读书心得，收获满满。学生多阅读课外书，也是一种以写促读的方法，同样能收到以写促读的效果。当学生的发散性思维和创新性思维被激活后，学生的阅读素养提升了，语言表达能力提高了，作文的思路宽广了。

（三）关于数学教学改革的印象[①]

问：燕琼、英姿、彩华，你们是怎样在数学学科中进行"超前学习"，培养学生自主学习的能力的？

麦燕琼（教导处主任、教学主管行政）、蒋英姿（数学科学课题负责人）、张彩华（数学科组长）：和乐教育行动研究的第二轮研究重点是教师推动学生自学，为学生的自学提供及时的辅导。由于数学课本编写的特点是"例题思维"。例题是练习题的原型，练习题是例题的变式。学生理解了例题之后，就能模仿例题去解答练习题。由此，我们重点强化数学整体学习的三个步骤：一是例题的阅读理解。把数学阅读视为数学学习的兴趣步骤，引导学生学会阅读数学（阅读例题）。二是练习的强化训练与反馈矫正，让学生通过与例题相似的练习题来获得强化，并通过及时的评改来使学生获得反馈。三是自由解题。自由解题意味着让学生超越课本所圈定的数学题而进入"课外"个人感兴趣的数学解题。经过第一阶段时间的探索，我们数学科组在"和乐教学"基础上直接提出"学生有主见的自学"与教师的兴发教学。老师们也进行了相关的研究。

1. 精心设计课前学习任务支架

数学整体学习的重点是"超前学习"。数学课本是"一架楼梯"。学生开

[①] 本节由麦燕琼、蒋英姿、张彩华撰写初稿。

小差、缺课等都会让自己无法顺利爬楼梯。避免"掉队"的唯一办法是"超前学习"。超前学习首先要具备自学能力。学生自学能力的培养，我们认为首先是预习。什么样的预习是有效而且是学生喜欢的？为此，我们选取中高年段（四、五、六年级）学生为调查对象，进行课题研究。结果发现：较完整的、有一定层次的，且具有深度思维的预习支架是学生所喜欢的，在这样的预习支架引领下的预习是有效的预习，是在"做中学"的"整体学习"。

（1）设计一份高质量的、适合学生的预习任务单作为课题研究的首要任务。通过这样一份预习任务单达成以下几个目标：①辅助学生有效预习；②引领学生深入思考；③培养学生预习习惯；④提高学生自学能力。教师在每学期开学之前，做好自己所教年级教学内容的"课前任务支架"的设计，开学后集中研究讨论修改。在"设计—实践—反思—再实践"中，不断完善"课前预习任务支架"。在实验研究的过程中，我们构建了"课前任务支架"设计策略：①把握学情；②理解教材；③处理差异；④从做中学；⑤深层思考。根据策略进行预习设计，解决了"什么样的预习是有效的"问题。

（2）为了保持学生的自主预习良好习惯，打造基于"预习任务单"的数学新型课堂，让学生先在组内交流分享预习成功，再组织交流讨论构建知识模型，让整个课堂学习在一种主动、探究、合作的氛围中进行，课堂生动、自主、和谐，学习氛围浓郁，学生思维活跃。

2．指导学生进行有效的课前学习

数学课程强调从学生已有的生活经验出发，让学生亲身经历将实际问题抽象成数学模型并进行解析与应用的过程。为了实现这一过程，必须培养学生自主学习的能力。而课前学习是学生学习习惯的形成和提高自主学习能力的一个重要途径。学生的课前学习不是随意的、低效的，教师要根据具体的学习内容，运用恰当的方法指导学生进行有效的课前学习。

（1）阅读理解。引导学生采用"圈、点、画、注"等方法，阅读下一节课的内容，关注文中的知识点、关键处，边读边想，对知识有一定的感性认识。概念性内容一般采用阅读理解法。

（2）实验研究。教师以问题的形式布置课前学习任务，让学生联系学习提纲尝试探究实验。几何内容一般适合采用实验研究，如"长方形、平行四边形、三角形、梯形"等计算公式的推导教学,课本内容是以简洁的结论形式表现出来,如果采用阅读理解,学生在已经知道结果的情况下,必然没有耐心退回到思维的"零起点"去重新思考,这样无疑会使学生在学习中只重视结果而忽视过程。因此,给学生递进式的课前学习任务提纲,让学生学会观察、猜测、操作、验证、概括等方法。

(3) 查找咨询。通过查找与学习内容有关的课外资料,促进学生学会搜集信息和学习材料。

(4) 试做课本上的相关练习。老师在布置学生课前学习任务时,要依据数学课程的总体目标及具体的教学内容,问题的难易程度要考虑学生的最近发展区,问题的内容要根据学生已有的知识水平和思维能力,由浅入深、由易到难、由具体到一般,逐步深入教学内容的关键处,提出具有思考价值、能巩固已学知识、引起所学内容更深层次的思考的问题。如学完"平行四边形的面积"后,布置继续学习"三角形的面积公式"课前学习任务:①拼一拼、猜一猜、想一想,如何把三角形转化成四边形?②怎样计算一个三角形的面积?本次课前学习任务,老师为学生提供的是四对三角形。

3. 培养学生的自主学习能力

在数学教学中,还要培养学生的自学能力:一是注重培养学生自主学习的意识,促使学生在教学活动中自主去探索、去思考,以达到最佳的教学效果。二是在教学中要善于创设教学情境,根据学生的生活经验,创设学生感到亲切的情境进行教学。三是根据本科的特点,指导学习数学的方法,让学生感受到学习是件很轻松的事。四是教学中要"因材施教",对于不同类型的学生,教师采用阶梯式方式,布置不同类型的作业,让学生都能体验到成功的喜悦。五是利用竞争意识,调动学习兴趣。每个人的潜意识中都有竞争意识,竞赛是激发学习动机,调动自身学习积极性的有效手段。让学生把在课堂上学到的知识运用到社会实践中去解决简单的实际问题,在社会实践中自己去探索、自己去历练,从而激发他们的主体意识,提升他们的自主学习能力。六是教师根据学生的学习情况进行调查,设置预习提纲。教师课前对所教班级全部学生或学习层次不同的学生进行摸底调查,摸清各类学生的学习情况和对单元知识点的掌握情况。例如,在复习"平面图形"单元时,课题组先设置调查表:①对于平面图形,你掌握了哪些内容?哪些知识比较难掌握?②哪些题容易做错?③最怕做哪些题目?④你有什么好的复习方法?或者对本单元的复习有什么建议?……教师再根据学生学习状况调查表,分析教学对象情况,编写预习提纲。七是教师有目的地收集、整理典型例题集和错题集。平时注意摸清学生的"缺漏"和常见的错误,摘记学生作业中存在的问题,在复习课前先根据相关内容和教学要求作摸底调查,建立学生错题集,摘录学生学习中容易出现问题的题目,并针对这些问题,复习时进行重点突破。注意收集不同类型的典型题例,以便在复习时起到以点带面的作用。

总体来说,数学科组开展"超前学习",培养学生自主学习的能力的研究,取得了良好的研究成效,促进了教师的专业发展和学生学科素养的提升。

(四)关于英语教学改革的印象①

问:小兰、婵兴,你们在英语学科中是如何进行"听领先"交际教学的?

高小兰(副校长、英语主管行政)、刘婵兴(英语科组长):在小学英语教学中,我们倡导"听说领先,读写跟上"的原则。首先,它符合语言学习的自然顺序和规律。听、说有助于学习书面语,是学习读和写的开路先锋。其次,它符合小学生的心理和年龄特点。没有足够的语言输入,学习者不可能有语言输出。《义务教育英语课程标准(2012年版)》指出,义务教育阶段英语课程的目标是使学生形成初步的综合语言运用能力,并初步形成用英语与他人交流的能力。影响我校学生英语听力因素有以下八点。

(1)语音的辨别能力低。在听的过程中,学生往往听不出是哪个词或者分辨不清词与词的界限。有时,即使听清了已经学过的词,也会误听为其他词而做出错误判断,在理解上步入歧途。

(2)语流的连贯辨别能力差。学生没有养成正确的朗读习惯,对词在句子中朗读时的弱读、重读、连读、语气的变化及语调的升降把握不准,缺乏语流的连贯意识,往往导致对平时能正确发音的单词在句子中听到时也不能正确分辨。

---

① 本节由高小兰、刘婵兴撰写初稿。

(3) 抓不住主要内容。绝大部分学生在听的过程中只根据材料的只言片语就断章取义地进行理解，不能找到上下文之间的联系，结果往往是只知其一，不知其二。

(4) 捕捉不牢重点细节。学生不善于捕捉说明主题的重要细节，如人名、地名、时间、数字等，他们忽视了对以上重要细节的记忆与分辨，结果对与这类细节有关的内容难以入手。

(5) 没有养成正确的听力习惯。导致这一问题的主要原因是学生用汉语进行思维理解，把听懂的东西先译为汉语，导致跟不上讲话人的思路，影响了听力理解程度。另外，还有学生在听时常常纠缠于难词或难句上，无法跟上语速，错过了材料后面的内容，导致整篇听不懂。

(6) 知识面太狭窄。学生由于知识面窄，缺乏对英美文化的了解，所以听完材料后，对其细节一知半解，甚至不知所云，结果影响了对材料的理解。

(7) 词汇量储备不足。小学生词汇量小，结构亦不合理，这导致他们无法做出正确的意义切分和判断，因而不能准确理解所听内容。

(8) 自身发音不准造成理解障碍。由于部分学生英语基础比较薄弱，长期读不准单词的发音，妨碍了信息的识别和处理。

基于此，我校英语学科开展了"听领先"的交际教学法。

(1) 以课堂教学活动为主，营造听的氛围。教师使用英语组织教学课堂用语是指教师在教学活动中针对具体情况所使用的语言。虽然在课堂中开展全英教学可能会影响学生的正确理解，但是只要教师充分利用表情、动作、图表、简笔画、实物等教学媒介，学生完全可以理解教学内容。全英语教学为学生创造了一种"听"英语的环境，更重要的是，能使学生养成"认真听""善于听"的好习惯，提高学生听英语的能力。

(2) 设计多种形式的听力活动。科组成员根据各年级的学生年龄特征和教学要求，精心选择合适的听力材料，通过听与做结合、听与读结合、听与写结合、听与说结合等，由易到难，逐步深入地训练学生听力。形成了科组课前五分钟的"自由说话"，三、四年级说一到三句话，五、六年级逐渐增多内容，如学过的话题内容，表达一些自己喜欢的笑话、新闻、故事等，其余学生听辨有无错音，还可就所说内容进行问答。为了提高听力的有效性，对于水平较高的学生必须了解详细的内容,学困生开始只需听出人物、时间,后来增加到听懂地点和事件,这样循序渐进,增强了他们听力学习的自信心,听力水平不断提高。

(3)教会学生听力技巧。首先,认真预览,带着问题有目的、有选择地听材料。其次,找准重点,分清主次,将注意力集中在和问题有关的内容上。最后,巧做记号,听的过程中要记录听力材料中的关键词,可采用一些常用的缩略语、符号甚至文字来提高记录的速度。再次,以课外活动为支流,创设听的环境。国外专家提出,6~12岁是孩子学习外语的最佳年龄。教师要把握好这段时间,努力创设外语学习环境,为小学生外语学习打下良好基础。因此,我校在一、二年级每周开设一节外教课,学科开展英语趣配音的竞赛活动,利用兴趣课进行英语戏剧表演,利用每周五的校园广播,一、二年级播放《迪士尼英语》,三至六年级播放《走遍美国》,但因《走遍美国》的效果不太理想,继而调整为全校播放BBC纪录片,让学生听到纯正地道的英语口语,培养学生良好的语感。直观地让学生获取相关信息,进行持之以恒的熏陶,开拓学生的思维和视野。

(4)巧用"自助餐式"duty report,提高学生的英语听说能力。《义务教育英语课程标准(2011年版)》明确指出,小学阶段的英语学习目标是培养学生兴趣,树立自信心,为进一步的学习打好基础。听说领先、读写跟上,小学阶段听说摆在很重要的位置。著名语言学家Van Patten提供了语言习得图解模式:input(输入)→intake(内取)→developing system(完善即内化)。根据他的观点,语言输入和积累是学习语言的基础;但语言在输入之后并不一定马上就能被习得,学习者只有通过将输入的语言信息进行处理,通过知识的内化,进而实现理解性输出,才能最终实现语言的习得。语言学习的最终目的是输出,是灵活地、创新地应用语言。作为英语语言教育者,我们必须重视对学生英语语言的输出的训练,而duty report正是语言输出训练最好的形式之一。

我们多年的教学实践证明,在一节引人入胜的英语课中,"值日报告"这一环节不但是重要的,而且是必需的,它对英语课堂教学有促进作用。经过不断探索、实践和改进,我们在课堂中形成了"自助餐式"的duty report模式,学生可以根据自身情况选择相关的话题,通过课前短短的5分钟的值日报告,提高了口头表达和听力理解能力。

首先,丰富"自助餐"的种类,创设语言环境。以往的 duty report 内容不一定适合每个学生的胃口,学生对不合胃口的食材不感兴趣,活动就难以进行下去。因此,我们采用了自助餐式 duty report。老师将活动与课堂教学内容有机的结合,再对其形式进行科学合理的安排,从而使活动真正成为课堂教学的有效延伸。以广州版小学英语教材 Success with English 五年级上册为例,根据教材内容,把 duty report 活动形式分为五大类:话题描述类、表演类、记者采访类、歌曲演唱类和演讲类。教师可让学生通过讨论确定所在小组的专题,然后,围绕这个确立好的专题,小组成员根据自己的特长从五类 duty report 的形式中选出适合的一种形式(表 7.1)。

表 7.1   duty report 形式

报告的形式	具体内容
话题描述	将每个单元的中心话题作为值日话题,让学生进行充足的准备,及时将所学的东西加以应用。如本册的 weather 话题中,学生提早准备某个城市的图片,通过图片描述该城市的天气
对话表演或短剧表演	每个 Module 都有 story time,让学生扮演其中的角色,不仅能激发他们学习英语的兴趣,而且能锻炼他们综合运用语言的能力。通过合作表演,培养他们的合作精神
记者采访	学生就某些话题用英语现场采访其他学生,如兴趣爱好、饮食习惯等,采访活动可以训练学生的思维能力,发展想象力和创造力,并培养交际能力
歌曲演唱	学生可以根据课文内容创编歌曲或者演唱与课文内容相关的课外歌曲
演讲	通过演讲展示学生的英语表达能力,如学生可以通过演讲介绍自己的兴趣爱好、能力和日常生活安排等

其次,完善自助模式,优化自助合作。以往学生进行 duty report 时大部分是按照学号进行的,这种方法教师容易操作。但渐渐地,老师发现这种方法存在明显的弊病:英语成绩好、语言基本功相对扎实的学生能轻松进行值日报告,而英语口头表达较弱的学生则连讲台都不敢登上,勉强开口也是结结巴巴,词不达意。这使 duty report 活动的质量不均衡,活动效果一般。于是,我

和乐教育的行动研究

们对此作了及时的调整，采取自由组合的原则，4～6人为一组，要求每组中有优秀、中等和较弱的学生。每周 duty report 的任务由某个组负责。这样既可以整个小组一起合作进行值日报告，也可以由小组的代表进行汇报。这种模式深受学生们的欢迎，特别是学困生，一方面缓解了他们表演时的紧张情绪，另一方面又培养了孩子们的合作精神，通过合作，他们对值日报告更重视，准备得更充分（表7.2）。

表7.2　值日报告

组别	人数	值日报告形式	值日报告时间
A	6	话题描述（介绍组员或其他名人的兴趣爱好）	第2～3周
B	6	短剧表演（我的风采展示）	第4～5周
C	4	歌曲表演（演唱创编歌曲）	第6～7周
D	6	记者采访（现场采访学生）	第8～9周
E	6	演讲（真我的风采）	第10～11周
F	4	话题描述（介绍天气）	第12～13周
G	6	辩论赛（健康食物PK垃圾食物）	第14～15周
H	6	短剧表演	第16～17周

最后，采用自助互动式评价，有效激励学生。评价是教学活动开展的关键环节和重要依据，它既是对活动的相对总结，也是活动的持续起点，更是活动的循环过程。科学的评价体系对教学活动有着很好的"引领"和"催化"作用。为此，老师在广泛听取学生意见的基础上，"生成"了关于 duty report 活动评价方案，设计印制了评价表，量化了评分细则。同时，根据"新课标"所提倡的评价主体多元化的理念，采用自评、同学评和老师评相结合的方式最终得出值日生 duty report 活动的表现结果。基于此，我们设计了值日报告评价表（表7.3）。

表7.3 值日报告评价表

日期：　　　　　　　　　　　　评价人：

评价项目	A	B	C	你最欣赏的部分	你的建议
值日报告内容					
值日报告形式					
报告人语音					
报告人表情					
合作效果					
总体评价					

全面的评价对值日报告活动有很好的引领和催化作用，值日报告使每一位学生都有了一种成就感，学生和老师都参与评价，尽量挖掘学生的优点，当然也应指出其存在的缺点，以利于提高值日报告的实效。

以自助餐式的理念改进 duty report，为学生交流英语、习得语言搭建了一个平台，既提高他们学习英语的兴趣，激发他们学习的动机，通过小组合作完成值日报告，又培养了学生的团结协作精神。

经过多年的探索，"自助餐式" duty report 活动取得了非常好的效果。具体表现在以下几个方面：其一，激活了课堂教学。Duty report 从一开始就能把学生的兴趣和注意引导到教学过程中来，使学生产生了主动参与教学过程的愿望和热情，从而为活跃气氛奠定了良好的基础。其二，全面训练了学生听说能力。课堂上短短三五分钟的 duty report 往往需要课后一两个星期甚至更长时间的准备。其三，锻炼了学生发表个人见解的胆量，增强了自信心。

实践证明，自助餐式值日报告，充分发挥了学生学习的自主性，通过这一活动，学生的听说能力得以提升。

（五）关于"做中学"的印象[①]

问：佳娜、瑞华、吴聂，你们在体艺、科技教学中是如何利用"做中学"

---

① 本节由蔡佳娜、慕瑞华、吴聂撰写初稿。

发展学生的个性特长的?

蔡佳娜(音乐科组长):音乐教育要关注每个学生的个性特点,充分调动他们的主体意识,为他们创设参与体验、主动探索、积极实践的条件,鼓励他们进行个性化的艺术活动,形成个性化的审美趣味。我们科组经常给学生充裕的实践空间,放手让学生大胆地创编,主动地去发现问题、解决问题,主动地获取知识,发展学生的个性特长,让每个学生的个性闪光。

《哎呀!玛丽亚掉了宝石花》是一首二年级的唱游课,讲述一群孩子在用歌声帮助小朋友寻找掉失的宝石花的过程。歌词的结尾表达玛利亚找到了宝石花之后高兴的心情。我们引导学生在歌词和旋律上进行二度创编来表达出玛利亚找不到宝石花失望之情。从音乐情绪上体验,高兴的心情可以做上行旋律,失望的心情可以做下行旋律,等等,二年级学生在老师引导下,创编了歌词和旋律,感受创编的快乐、唱游的快乐。

在竖笛课堂上,我们科组会通过多种途径去满足学生的创作欲望。比如给出四个小节的节奏,让学生为这个节奏编创旋律并吹奏出来。每个学生演奏完我们都会称他们不但是小作曲家还是很棒的演奏家。学生有信心、有兴趣,更有成功的喜悦。有时候我们把学生分成四个小组,每组创编一个乐句,老师给出节奏和每个乐句的最后一个音,小组合作编曲后并合奏展示,最后把四个乐句连起来全班合奏,一首学生自己创编演奏的乐曲就完整地演绎出来了。学生们的创作热情高涨,音乐潜能得到开发,从中受益,音乐课堂更加精彩。

在我们科组的教学中,创编这种探究式的学习方式从一年级开始就渗透并一直在课堂上实施。如果你打开一年级的音乐书或者音乐笔记本,你会看到学生创编的很多作品,都是孩子们写的节奏、旋律,这是创造性思维、驾驭学习能力、发挥专长、张扬个性的充分体现,学生真正成为音乐课的小主人。

在艺术类社团的开展方面,我们创建了声乐社、竖笛社、舞蹈社、绘画社等,还配合学校开展"和乐读书节""和乐艺术节"等大型的特色活动,目的只有一个:培养学生的自信心、艺术素养和审美情操,学会欣赏美、表现美、创造美,兴趣得到培养,特长得到发挥,个性得到张扬,团队精神得到培育,给孩子们搭建展现自我风采和进行自我锤炼、自我提升的舞台。

慕瑞华(科学科组长):著名教育家苏霍姆林斯基说:"在人的心灵深处

第七章 和乐教育行动研究的效果

都有一种根深蒂固的需要,这就是希望自己是个探索者、发现者、研究者。而在儿童的精神世界中,这种需要特别强烈。"

对于儿童来说,他们年龄小、心智思维不成熟等,要想满足他们做探究者、发现者、研究者的这种需要,灌输式的教学方式是不合适的。灌输式的教学严重忽略学生的主体地位,使学生成为被动的看客,丧失了主动探究的积极态度和兴趣。因此,教师要不断地为学生创设符合学生认知规律的情境,让学生进行学习体验,在"做中学",从而真正成为一个探究者、发现者、研究者。结合科学学科的特点,我们在以下几个方面培养孩子们的个性特长。

(1) 联系生活实际,发展学生的探究能力。科学探究应从学生的生活经验和已有的知识背景出发,紧密联系生活实际,在现实生活中发现探究课题,在"做"中学习科学、感受科学并应用科学。

如学生在广州电视台《新闻日日睇》中看到一篇有关大树"立锥之地"的报道,讲的是有些大树的根部被水泥封得死死的,大树渐渐枯萎。许多街坊认为树根被浇灌上水泥后,大树会"窒息"而死。到底街坊们的认知是否正确?植物的根被遮盖后是否会对它的生长造成影响呢?学生们对这个问题非常感兴趣,我们就这个问题和孩子们展开探究。为此,我让学生选些植物做了对比实验,实验结果表明植物的根如果被覆盖,是会对植物的生长产生影响的。这个探究项目在第三届"科学小星星"比赛中获得海珠区二等奖、广州市三等奖。实验一方面可以引领学生进入熟悉的情境,另一方面探究与生活有关的科学,并用科学解决生活中的实际问题,从而让学生对科学产生亲切感,增强学生的探究兴趣及应用意识。

(2) 解决生活问题,开启学生的发明智慧。许多发明来源于生活,服务于生活,最终超越生活。

如在使用垃圾桶时,发现垃圾桶的空间很容易满。我们就在课堂上提出这个问题让孩子们对垃圾桶进行改进。有个学生应用已经学过的科学知识"弹簧可以压缩"来改进:采用不锈钢原材料,在面盖的正下方安装一块小于面盖的压缩板来压缩垃圾。此发明荣获广州市科技创新一等奖。

(3) 激发家长兴趣,开阔学生的观察视野。为了安全起见,科学课中野外观察能力的培养很多时候是需要家长陪伴的,因此,激发家长的兴趣也很重要。

例如观鸟活动,大多时候变成孩子和家长共同的兴趣,这样组织起来会容易很多。2011年6月9日,我校成立了亲子观鸟社,该社在领导的大力支持下,在陈建明老师和刘小琴老师的指导和管理下,开展了一系列的活动。例如,举办观鸟知识讲座、鸟类摄影大赛、观看鸟类影片,举行校园观鸟、海珠湖观鸟、南沙湿地观鸟、师生观鸟分享会,参加海珠区、广州市及广东省的观鸟比赛,等等。通过这些活动开阔了学生的观察视野,提升了学生的观察能力,增强了学生的环保意识,同时,极大地增强了学生的问题探究意识和能力。

(4)开展科技活动,提升学生的科学素养。我们每年坚持开展"和乐科技节",通过读科普书籍、看科普电影、讲科学故事、演科幻大片、展科技成果、建科技作坊等系列活动,弘扬科学精神、传播科学思想、激发科学兴趣,培植科学素养,加快普及青少年科技知识教育,培养学生的创新精神和实践能力,丰富校园文化建设。同学们在科技节尽情展示自己的科技才能。让科技融入到孩子生活的每一个角落,让科学的光芒为每一个善于发现和运用它的人们感受到温暖;让同学们的梦想,在科技的促动下,飞得更高、更远!

培养学生的创新素质,促进学生科学素养的提高,是我们研究课题的终极目标。近几年来,我们都以培养学生的创新精神为指导思想,贯穿于学校的各项工作中。在这活动中,很好地促进了学生创新意识和创新能力的养成。学生自信自强,养成学习习惯,关心生活、热爱科学,敢于质疑,创新欲望较强。

吴聂(体育科组长):在体育学科中,我们这样利用"做中学"发展学生的个性特长的。

(1)尊重学生个性。每个学生的个性心理,既是教育的结果,又是教育的前提条件。只有针对学生的不同特点,采取不同的教育措施,才能取得良好的教育效果。尊重学生,就应该尊重学生的个性特长和兴趣爱好,因材施教。同时,教师要为学生营造良好的教学氛围,提供舞台,为其个性特长的充分展示创造必要的条件。

(2)充分体现学生学习的主体地位。学生是教学过程的主体,学生参与教学过程是体现学生主体性的一种教学策略,通过调动学生自身的积极性,促使他们以主动的态度接受各种刺激,使潜能得到最大程度的开发,可以达到加速学习的目的。只有确立了良好的师生及生生关系,使课堂教学充满民主教学风气,学生才会敢于并乐于参与教学过程。要利用问题发挥学生的主体性,使学生产生问题、提出问题;或教师设立一定的问题,学生通过探究找到解决问题的办法。在课堂教学中适当地引入竞争机制,使学生公平竞争,真诚合作,可以激发学生的学习动机。

(3) 鼓励学生自主创新。鼓励学生从不同角度去观察事物、分析问题,往往更具人性化,也更能使其个性特长得到塑造。教师应多尊重和采用学生的想法,让学生在自主中创新,而创新能力的提高又作用于促进个性发展。在具体的体育教学过程中,我们通过让学生设计游戏或改进游戏方法等,让学生把学习到的知识在整个课堂里进行加工、提升、运用。如科组老师在上"毽球"课时,让学生创新踢球的玩法,有抛接踢、头顶球、脚后跟踢、脚外侧踢球等等,学生在学中玩、玩中学,达到非常好的锻炼效果。

(4) 建立平等的师生关系。体育教学是以实践课为主的一门课程,在教学过程中,师生一起练习、游戏、比赛,共同吃苦受累,共同分享胜利的快乐。我们从学生的角度去审视自己,不断提高自身的素质。教师和学生的地位是平等的,两者之间存在着教师的教和学生的学的教学关系。体育教师必须树立正确的学生观,与学生民主、平等地进行合作交流。只有尊重学生个性发展的教师才能赢得学生充分的信任和尊敬,从而提升其人格魅力,加快学生对知识的理解和掌握,形成最佳的教育情境。也只有这样的体育教师,才能激发学生的创造性思维,使学生自主创新,进一步促进个性的发展。

(5) 以学校"毽球特色"为契机,发展学生毽球特长。学校建设以毽球为特色,围绕结合课堂教学和社团活动开展,使"一体一艺"的培养常规化且更能落到实处,发展学生的毽球特长。对学生毽球特长的培养主要从几方面进行:一是让毽球入学生课间活动。二是让毽球入大课间。三是让毽球入课堂。三位体育老师以毽球为主题融入教学,采取多种形式的教学方式、方法,不断提高学生的毽球技能。四是让毽球入校队和社团。五是让毽球在和乐体育节中体现主体地位。经过全校师生的共同努力,学校的毽球队连续几年获得优异的赛绩,同时,全校学生的毽球水平也有了可喜的进步。

(六)关于德育改革的印象①

问:陈然、瑞华,你们在德育活动中是如何运用"兴发—体验—主见"的策略来让学生体验道德情感,养成良好的道德行为的?

陈然(德育处副主任):随着课改的深入,学校的德育工作已经走进了体验式德育的时代。什么是体验式德育?我们认为体验式德育就是在德育工作中,让学生以"生活实践"为基础,创设能触发学生道德情感体验的活动情景,让学生通过实践,以"身"体之,以"心"悟之。通过有效的活动,触发学生的道德情感,并促进其内化为健康的心理品格,转化为良好的行为习惯。这与学校的"礼乐教学研究"中提出的"兴发—体验—主见"特征不谋而合。

在体验式德育思想的引领下,我们通过开展丰富多彩的活动,激发学生道德体验的生成,促进良好品德和行为习惯的形成。在"塑爱心少年,育雅慧学子"德育理念的引领下,我们通过开展"五爱教育"、各种专题教育、学生志愿者活动、"和乐四节"等形式多样的活动,通过"兴发—体验—主见"的策略,让学生体验道德情感,养成良好的行为习惯。

例如,我们学校一直在开展"五爱教育"。"五爱教育"就是让学生通过各种活动,形成爱父母、爱老师、爱朋友、爱祖国、爱自然的良好品德。我们把"五爱教育"与传统节日活动相结合。例如,在"三八"妇女节,倡议同学们给妈妈或奶奶、外婆洗一次脚,或做一件力所能及的家务活,或捶捶背等。通过活动,孩子们体验到了母亲养育自己的不容易。有的孩子在日记中写道:今天,我给妈妈洗了一次脚。开始时,妈妈是不肯的,但是我一再坚持,妈妈终于同意了。我打来一盆水,给妈妈洗脚。妈妈很开心地对我说"我的宝贝真的长大了!"。摸着妈妈的双脚,我忽然想起,小时候每天都是妈妈给我洗澡,不论上班有多累,不论自己是不是生病了,妈妈从来没有忘记过给我洗澡。妈妈的手,不但给我洗过澡,还给我做过美味的饭菜,牵着我一路上学,给我盖过被子……没有妈妈,就没有我的幸福生活。给妈妈洗脚,我只是

---

① 本节由陈然、慕瑞华撰写初稿。

第七章 和乐教育行动研究的效果

为妈妈做了件小小的事,妈妈就这么开心!在我成长的路上,妈妈付出了多少啊!我一定要做个孝顺的好孩子,报答父母的养育之恩!……孩子通过教师精心设计的活动,在活动中获得情感体验,通过自我反省,从而形成了道德认知,让良好的品德注入学生的心田。

慕瑞华(大队总辅导员):赤岗小学的德育工作在各级领导的支持下,结合学校的实际情况,在"塑爱心少年,育雅慧学子"德育理念的指引下,围绕"培育体魄强健、行为优雅、性格开朗、心地善良、乐思善学的雅慧学子"的育人目标,以素质教育为主要任务,以提高学生的思想道德素养和科学文化素质为宗旨,全面深入地开展各项活动。我们在活动中通过"兴发—体验—主见"的策略,让学生体验道德情感,养成良好的行为习惯。

在日常的教育教学工作中,我们发现一些学生不停走读于各类补习班、提高班,成绩是提高了,但对于自身的兴趣,对于今后的奋斗目标、人生理想,仅仅定位在"考个好中学"上;另一些孩子,由于家庭教育不到位,学习目的不明确,缺乏前进的动力,因而学习上吊儿郎当,每当被问及"理想"的时候一脸茫然。因此,从2016学年开始我们决定开展"树立远大理想,体验多彩生活"职业理想教育活动。

我们先是通过家长和学生的问卷,了解学生和家长的需求,并通过每周的升旗仪式由一位家长来给全校师生介绍他的职业,让孩子初步感知社会上的职业,激发学生的兴趣。在正式讲座之前,我们都会跟主讲者进行多次的沟通:先发给家长讲座的提纲框架,然后家长根据学校的提纲框架拟好发言稿,再与学校负责此项工作的老师沟通互动,不断修改完善讲稿,还配上以图片为主的PPT,老师还会指导家长如何与学生进行现场互动,吸引学生的注意力,力求使家长的讲座能让一至六年级的学生都能听得懂、感兴趣。所以,举办的讲座每场都受到了孩子们的喜爱。

接下来给学生们搭建"体验"的平台。如带孩子参观电台,孩子们惊讶地发现:原来电台的分工这么细!DJ要具备守时、遇事不慌、机敏、专业能力强等素养。通过这类活动,让孩子们有了更多的体验,让学生对某个职业有更加深刻的认识。

在寒假时倡议学生走亲访友时接触、采访各行各业的人以了解他们的职业。有些学生还亲力亲为，通过亲身劳动加深对该职业的了解；有些学生主动去参观职业场所，感受职场氛围……他们逐渐感受到理想是需要通过不断努力和坚持不懈实现的。一、二年级的学生们用彩笔绘出了他们想要从事的职业，三至六年级的同学们则将他们的所见、所闻、所感汇成了文字来表达他们心中的看法。学生们的理想可谓是五光十色，精彩万分。同时，也在这个体验过程中了解和理解了家长的职业，更加亲密亲子关系。

通过这一系列的活动我们发现，自从学校开始进行职业理想教育后，有些孩子的学习态度悄悄发生了转变，有些孩子在自己的日记中表达出了自己对某种职业的向往。

陈然：开展学生志愿者活动，我们也是从学生实际出发，精心策划体验活动。为了使学生建立服务他人、服务社会的意识，我们在校园内通过引导参加志愿实践活动，增强学生的责任感和使命感，在校园内形成一种"你帮我助、携手共进"的风气，为传播文明、构建和谐校园奠定基础。我们结合学校的管理工作，把一些学生有能力承担的工作整合到了志愿服务活动当中，如志愿服务活动分为环保志愿组、纪律监管组、读报展示组、文明礼仪组、校园介绍组等。每个志愿服务小组分别设置两名导师管理，接下来，同学们就开始"工作"，如果"工作"中遇到问题再向导师反映，导师帮忙带着志愿者一起解决。通过这样的"兴发—体验—主见"活动，孩子们在服务他人的活动中理解他人，自身也在逐渐成长，解决问题的能力在增强。

每学年开展"和乐四节"活动，为学生提供体验和展示的平台。例如，2016学年的"和乐体育节"我们举办了"运动绽放生命光彩，亲子同享和乐满园"的亲子体育节活动。这次体育节，除了平时的田径和趣味运动比赛之外，我们还有一个盛大的开幕式表演，全校所有的孩子全部上台展示。为了办好开幕式，我们先是做好了宣传，把老师和孩子们的积极性调动起来。师生和家长们一起设计出场时的表演、班服的购买、排练等。最终，整个体育节活动获得了圆满成功，彰显了学校"让每个生命都绽放独特的精彩"的教育理念。孩子们通过排练、表演等活动，了解了许多体育技能，感受到体育的魅力，在活动的过程中，收获了快乐，收获了自信，更收获了集体的友谊！

慕瑞华：去年的"和乐科技节"让人记忆犹新。这次科技节的主题是

"科技·梦想·同乐",我们邀请了一些科技公司和飞行爱好者,给学生表演机器人舞蹈、无人机和模型飞机飞行表演,激起学生对科技的兴趣。全校学生齐动手,各年级开展模型制作赛,有的年级制作飞机模型,有的年级制作建筑模型,有的年级制作航海模型……模型制作成功后还进行了比赛或评比,让孩子们从学习科技中获得成功,也获得快乐。为了开阔孩子们的眼界,我们同时摆设了印章打印工作坊、3D打印工作坊、微信扫描工作坊、魔方工作坊……新奇的技术总是引起学生的极大兴趣。学校自建校以来,一直走"科技教育特色"之路,赤岗小学从1992年建校之初的只有个别同学玩科技,到今天全员参与科技活动,是二十多年来全体师生和家长们的共同努力的结果。我们也希望通过"和乐科技节"的开展,形成孩子们爱科学、用科学的观念,让我们的孩子走得更远。

(七)关于校长的印象[①]

每天清晨,当你沐浴着凉风,迎着朝阳,来到赤岗小学的门口,一定能看到林秋玉校长笑意盈盈地站在校门口迎接师生的到来。一声温暖的问候,一个热情的微笑,让走进学校的每个孩子怀着愉快的心情开始新一天的学习生活。

小学阶段是习惯教育的最好时期。"和雅德育"重视学生行为习惯养成教育,为学生终身学习奠基。林秋玉就是这样言传身教,把"举止优雅、行为优雅、气质优雅"的办学理念"雅慧并育 和乐共生"润物无声地植入学生的心田。

为了培养学生的良好行为习惯,林校长推行"雅慧少年行为卡"评价制度,即学生自我确立行为发展目标,教师根据学生日常行为规范的表现(课堂、课间活动纪律、交作业、文明礼仪等),在"行为登记卡"上进行定性评价考核。通过开展这样的评比活动,唤醒了学生的自我意识,形成"自我要求"的习惯追求,从而让学生从各方面学会自己约束自己、自己管理自己、自己奖励自己,追求优秀,并从优秀走向"优雅"。

林秋玉校长一直认为"好教育",就是应该培养出一批批"品行雅正,身

---

① 本节由陈然撰写初稿。

心健康，乐于助人，学有能力，兴趣广泛"的雅慧学子。人的发展，是一个系统的培养工程，受家庭、学校和社会教育三方面的影响。其中，学校教育的影响举足轻重，来自不同的家庭教育环境的孩子，来到一个相同教育环境的学校，如何实施"因材施教"，考量校长的教育智慧。而教师的智慧源泉，除了自身对教育的理解感悟，更多来自于校长教育理念的引领和教育思想的影响。林秋玉校长在尚未做校长前就一直思考"我应该培养怎样的学生？"。在做校长后，她又一直在思考"我应该培养怎样的教师？""我应该引领教师培养怎样的学生？"。

林校长之所以成为一名卓越的校长，就是源于她对教育的不断思考和追求，对新时代师生的培养方向的不断思考与探索。

林校长认为，"追求和谐，乐于奉献，知足常乐，学有能力，敢于创新，身心健康"是衡量学生未来工作、生活幸福指数的关键要素。因此，她把我校的育人目标确定为：培育体魄强健、行为优雅、性格开朗、心地善良、乐思善学的雅慧学子。

好教育就应该坚持以"学生发展"为本，追求为每一位学生的个性化发展，搭建锻炼和展示自我的平台，让他们的生命绽放独特的精彩。因此，学校的各项德育活动，都在努力地为学生搭建锻炼、展示、成长的平台。

在"和乐教育"思想的引领下，学校通过不断实践，形成了主题鲜明的特色德育活动——"和乐四节"（和乐读书节、和乐体育节、和乐科技节、和乐艺术节）。

"和乐读书节"活动的开展，在每个学生心中播下"爱阅读"的种子，我们希望每个孩子都能成为"腹有诗书气自华"的人。学校常年开办阅读课，开放图书馆，全体学生根据林秋玉校长2007年9月设计的《共同阅读，共沐书香》阅读计划，根据不同年级不同阅读要求，教师指导孩子选择适合自己年龄段阅读的各类书籍，在《阅读小册子》的指引下，每学年制订个人阅读计划，填写阅读记录，做到阅读、积累两不误，激发孩子们的阅读热情。

"和乐体育节"，以轻松有趣的体育游戏比赛和紧张刺激的田径运动比赛相结合，提高全校师生强身健体的意识，培养学生奋勇拼搏和团队合作的精神，促进了学校体育工作的蓬勃发展。2013年，林校长向时任局体卫艺科的

第七章 和乐教育行动研究的效果

张彪科长申请申报市毽球特色项目，得到了张科长的大力支持和悉心指导。2014—2018年，经过师生的刻苦训练，毽球锦标赛连续几年取得好成绩，大课间活动评比也多次获得市、区一等奖。

"和乐科技节"，通过开展各种有趣的科技活动，点燃了孩子们心中向往科技的火花，一批批孩子踊跃参加省、市、区的科技比赛，并获得了优异的成绩。近5年来，有850多人次获得了各类科技比赛的奖项，在海珠区乃至广州市形成了有一定影响力的科技教育特色品牌。林校长指导团队申报了广州市科技体育传统校，让学校的科技教育多了一张名片。

"和乐艺术节"，更是促进学生素质全面发展，是学生展示自我风采的大舞台。我校的经典美文诵读表演、合唱队、舞蹈队，在广州市和海珠区的各项比赛中均获得了优异的成绩。林校长在任期间，她十分重视艺术教育，除了要求上好课，更组建了多个校艺术学生社团，组织4次面向全体家长开放的"和乐艺术节"，她希望在艺术的世界里一个孩子都不落下，每个孩子都应该学会发现美，享受美。

"和雅德育"从"习惯养行、爱心育品、文化怡情"三个维度开展德育实效性探究。学校以"塑爱心少年，育雅慧学子"为德育工作理念，以"五爱教育"为落脚点，培养学生成为有爱心的一代新人。赤岗小学围绕"五爱"教育（爱老师、爱朋友、爱父母、爱祖国、爱自然），在学校、家庭、社区开展了一系列的"爱心教育"行动研究，充实了"五爱"教育内容。每年的春节、清明、"三八"妇女节、母亲节、父亲节、劳动节、教师节、国庆节等传统节日，德育部门都会开展相关主题的爱心感恩教育实践活动，获得了家长们的好评。

现在的学生很大部分是独生子女，是家长心中的宝贝，他们从小在家长的娇惯下成长，已经习惯了"唯我独尊"的生活，很少去体会别人的感受，不懂得去关爱别人，形成了以自我为中心的坏毛病。林秋玉校长因此策划了一系列校会，在校会中，通过图片展示，引导孩子关注社会各阶层的弱势群体，图片让衣食无忧的学生心灵产生强烈震撼！

听完校会后，德育部门要求全校学生写校会听后感，通过"剖析—思考—导行—反思"，让孩子们认真地思考、比较，学会理解、尊重、珍惜、合作与感恩。有的孩子在日记中动情地写道:"今天,听了林校长的校会,忽然发现自己原来那么幸福,也觉得自己之前没有好好珍惜父母的爱。今后,我要学会控制自己的情绪,不再随意对父母发脾气,要懂得感恩父母……"。除了校会外,学校还注重根据不同年龄段的学生情况和各个班级的特点,确定不同的教育主题,有针对性地召开级会和班会,力求形式多样,追求德育实效,通过各种实践活动培养学生的基本公民素养,唤起学生的公民意识,形成基本的行为习惯和责任感,感悟"崇礼致雅、谦让致远"的道理,引导学生学会优雅地生活。

"我应该培养怎样的教师?"林校长认为,一个好教师,就应该是一个身体健康、性格开朗、师德高尚、充满爱心,善于挖掘学生的优点、包容学生的缺点,教学能力很强的教师。因此,她立足校本,注重研训结合,提升教师专业素质,培养她理想中的教师。她一直强调教师队伍的"三修",即修身、修德、修能。

林校长策划组织了"走专业成长之路,享教师幸福人生"的系列培训。她坚持以教师发展为本,在"文化立校,特色强校,课程育人"办学思路的引领下,依托自身的专业特长,以市级课题"礼乐教学的行动研究"为契机,有计划地分批培训骨干教师,坚持"教、研、训校本化",通过"校长负责,总体策划;课题驱动,研训结合;个体自主,同伴互助;专家指导,专业引领;分层管理,各司其职"五个培训策略,不断更新教师的教育教学理念,提高教育教学技能,夯实专业知识,促进教师专业成长。努力打造"三修"和慧团队,通过强化师德师风建设,提高教师的道德修养;通过组织专业培训,提高教师专业水平;通过营造和乐教师文化,提高教师人文素养;通过组织团队交流分享,提高教师专业能力。经过全面、系统的培训,教师们的整体素质有了较明显的提升。

在师德培训方面,她强调最多的一句话就是"我们要把学生当作自己的孩子去教育"。她经常这么说,我们的老师也就是这样做的。

林校长的"和乐教育"办学思想已经根深蒂固地种植于教师心中,"和乐"已经成为引领赤岗小学全体师生和广大家长的共识文化,师生在"和乐文化"滋养中自由地徜徉,在"和乐"精神家园中诗意地栖居,在"和乐"

第七章 和乐教育行动研究的效果

校园环境中幸福地发展。十年来，赤岗小学师生茁壮成长，取得优异成绩，赤岗小学也成为海珠区的品牌学校和广州市第二批义务教育阶段特色学校，受到学生家长的高度评价和热烈欢迎。这一切皆因有一位勇于开拓进取的校长，引领着一个不甘平凡的和慧团队。

可见，一位好校长就是一所好学校。

二、学生变化

一所学校办得好不好，关键看培养的学生好不好。"和乐教育"的探索与实践，特别是"礼乐教学"实践减轻了学生课业负担，促进了学生的个性化发展：在教学实践上，改变了过去部分教师在教学时间、练习数量上做"加法"，如挤占其他课、加班加点、机械训练、题海战术等，转向关注全体，注重个体差异，强化学生的行为习惯、学习自觉性和自学能力，注重培养学生的兴趣特长，拓宽课外生活园地，学生由此逐步实现三个"自治"：自我劳动、自我管理、自我学习，真正落实了减负增效，促进学生全面发展。

例如，2009—2012学年，赤岗小学在参加海珠区教学质量抽测中，取得了优异的成绩。在2016学年广州市阳光评价测试中，学校学生的课业负担低于全市和全区的中线水平，但学生的学科能力远远高于市、区中线水平，而且数学学科位居全区最高分。这充分说明学校的课业负担是比较合理的。同时，课堂教学改革取得了实效性的长足进步，学生的学科素养整体上居于市、区上线水平，终于摘掉了2006年"硬件上省级标准，软件仍有差距"的帽子。

表7.4 2009—2012学年赤岗小学参加市、区质量抽测情况

学期	抽测级科	区公办中线	我校平均分	备注	抽测级科	区公办中线	我校平均分	备注	抽测级科	区公办中线	我校平均分	备注
2009上	六语	87.14	86.30		二数	96.65	97.80	区第9名	四英	84.41	86.00	—
2009下	四语	81.88	81.49	市抽测	六数	83.19	85.59	—	六英	79.58	78.30	

（续上表）

学期	抽测级科	区公办中线	我校平均分	备注	抽测级科	区公办中线	我校平均分	备注	抽测级科	区公办中线	我校平均分	备注
2010上	二语	94.18	96.58		六数	87.25	90.58	-	四英	83.45	85.80	区第20名
2010下	四语	82.82	85.83	区第7名	三数	87.87	91.56	区第17名	六英	83.79	85.49	区第11名
2011上	六语	83.68	88.03	区第9名	二数	97.95	97.64	-	四英	87.95	89.46	区第18名
2011下	-	-	-		三数	93.51	96.20	区前20名	五英	85.20	85.20	-
2012上	六语	82.64	86.55	区前20名	五数	88.18	93.93	区前20名	四英	81.65	89.19	区前20名

表7.5 2016学年赤岗小学六年级参加广州市阳光评价测试总体情况

地区	六年级阅读总成绩					文本类型					能力层次			
	人数	平均分	标准差	最低分	最高分	实用类	使用非连续文本	实用说明	文学类	文学寓言	文学散文	分析与整合	获取与解释	连接于推论	感悟与评价
全市	21804	77.07	12.33	3	100	32.72	16.02	16.69	44.36	20.11	24.25	1.54	4.44	39.11	25.02
海珠区	6720	78.55	11.90	3	100	33.45	16.27	17.18	45.10	20.12	24.98	1.49	4.41	39.44	25.08
直属	85	81.46	10.94	30.5	99	36.19	17.74	18.46	45.27	21.22	24.05	1.44	5.20	42.85	27.55
赤岗小学	93	82.34	10.38	42.5	97	35.68	16.96	18.72	46.66	20.27	26.39	1.85	5.31	46.67	30.58

表7.6　2016学年赤岗小学六年级参加广州市阳光评价语文阅读素养测试总体情况

地区	总阅读量	经典著作阅读量	阅读兴趣	阅读策略				阅读动机		数字阅读	上网目的	
				理解策略	记忆策略	监控策略	精致策略	内部动机	外部动机		学习	娱乐
全市	2.94	2.32	3.14	2.60	2.91	2.96	2.88	3.29	1.97	1.89	2.65	2.45
海珠区	2.92	2.29	3.10	2.55	2.87	2.91	2.84	3.26	2.00	1.91	2.64	2.49
直属	3.31	2.56	3.33	2.57	2.95	3.07	3.04	3.32	1.96	1.80	2.71	2.37
赤岗小学	3.23	2.68	3.54	3.13	3.33	3.45	3.36	3.66	2.01	1.77	2.98	2.31

表7.7　2016学年赤岗小学六年级参加广州市阳光评价数学能力测试总体情况

地区	六年级数学成绩					内容层次			能力层次			
	人数	平均分	标准差	最低分	最高分	数与代数	图形与几何	统计与概率	了解	理解	掌握	运用
全市	21775	70.12	19.12	0	100	47.54	17.57	5.01	1.54	4.44	39.11	25.02
海珠区	6687	70.46	19.36	0	100	47.51	17.87	5.08	1.49	4.41	39.44	25.08
直属	85	77.34	16.49	26	98	52.73	19.46	5.15	1.44	5.20	42.85	27.55
赤岗小学	93	84.28	12.26	50	100	56.04	22.80	5.44	1.85	5.31	46.67	30.58

学校特色社团课程在满足学生的兴趣、发展学生的个性特长、体现学校的办学特色上,也取得了很好的效果。2007—2018学年,我校学生参加各项学科竞赛活动,共获奖2565项,其中,国家级奖216项、省级奖137项、市级奖445项、区级奖1767项。

一届又一届的雅慧学子健康快乐地成长,他们个个"动如狡兔,静如处子"。下面,是学生代表的个人简介。

李默,四年(1)班。她是一个健康、快乐、阳光的女孩,是老师的得力助手,同学们的好服务员。她特别喜欢看书、绘画、唱歌、弹琴、话剧表演和观鸟,在和乐科技节演讲比赛中,她获得学校一等奖。此外,她曾获得过海珠区中小学观鸟认植物比赛二等奖、海珠区自然观察比赛二等奖、广佛肇观鸟比赛二等奖。从一年级到现在,几乎每个月都被学校评为"和乐之星",每个学年都被评为"三好学生"。

张雨竹,四年(2)班。他是一个有着雨之灵秀和竹之柔韧的小男生,每学年均被评为"三好学生"。他有一颗真诚的爱心,对于有困难的同学或后进生,他总是乐于伸出援助之手。他还积极参加形式多样的课外活动,游泳、乒乓球、围棋是他的特长,学校和乐艺术节、和乐读书节的舞台上都有他小小的身影。

王紫嫣,四年(3)班。她是可爱、阳光、活泼、热爱学习的中队长,严肃、认真、管理能力强的好班长。她多才多艺,第十一届"星星火炬"中国青少年艺术英才集体舞蹈广东省赛区决赛获小A组铜奖,连续获第十二、第十三届全国幼儿美术创意大赛金奖,2013年和2015年CCP国际童画创意大赛分别获银奖和小学组个人绘画金奖。古筝演奏也达到五级水平。

李瑞翔,四年(4)班。他待人有礼,胖胖的脸上总是露出甜甜的笑容。他学习成绩优秀,每个学期都获得免考资格。课外时间他经常参加比赛。2014年和2015年,两次参加广州学而思数学口述大赛均获三等奖,两次参加广州学而思数学计算达人秀,均获"计算五星达人"称号。

王雨欣,五年(2)班。她热心善良、积极上进、综合素养高。每学期均获得免考证书、"三好学生"及"和乐之星",多次夺得学科竞赛奖。多次被授予"老师的好帮手""优秀学生干部""优秀队干"等称号。代表学校参加2013年、2014年海珠区中小学生田径运动会，分别获得第一名、第二名。

赵茹静，五年（3）班。她热爱自己的学校和班级，快乐地为班级做力所能及的事情，做墙板报、给课桌椅消毒、打扫教室卫生……她还是一个爱画画的孩子，参加第七届全国青少年书画大赛获得新星奖，CCP国际童画创意联赛获得个人书画类金奖。

戴璔，六年（1）班。她自我管理能力强，连续多年被评为"三好学生"和"优秀学生干部"。2015年获"希望杯"全国数学邀请赛金奖，全国小学生英语竞赛二等奖。她多才多艺，2015年参加"小荷风采"全国少儿舞蹈比赛全国赛获银奖，2014年中艺星光杯全国钢琴比赛获少年A组银奖，2014年全国中小学生绘画书法作品比赛获三等奖。

谭沛莹，六年（2）班。她是一个活泼开朗的阳光女孩，善于协调和组织各项活动，是老师的好帮手。每学年均被评为"三好学生"的她爱好可多啦，如游泳、下围棋、剪纸、画画、种花……曾在海珠区围棋比赛中获银奖，蛙泳比赛获第六名，广州市游泳比赛获第十六名。

张子琪，六年（3）班。身为大队干部和历任班长的她努力上进、品学兼优、团结同学、乐于助人、兴趣广泛；她成绩优异，在学校多次荣获语文、数学竞赛一、二等奖；她喜欢绘画、阅读、声乐、游泳等，曾加入学校舞蹈队，参加广州市团体舞蹈比赛获得二等奖。

…………

赤岗小学学生的综合素质还体现在课堂上，"博古通今""思维流畅""学习热情高涨""乐于表达和分享""从容豁达""自信大方"等是各兄弟学校教师在我校上赛课、上公开课时对我校学生的评价。下面摘录部分老师代表对赤岗小学学生的评价。

杨杰老师（海珠区南武小学老师，获区第十一届"明珠杯"语文学科一等奖）：2015年5月初，我有幸参加"明珠杯"决赛，上课班级是赤岗小学六年（3）班。这是一帮爱思考且有主见的孩子，他们的回答，或博古通今，或严密流畅,或精彩纷呈,为我的课堂增添了很多光彩。先说博古通今,由于我上的课是《真理诞生于一百个问号之后》,需要学生补充事例来论证观点,学生们有的补充两千多年前阿基米德洗澡发现浮力原理的事例,有的补充近代科学之父牛顿发现万有引力定律的事例,还有的补充瓦特发明蒸汽机的事例,可谓不假思索对答如流!这也说明他们自主学习的能力很强,能够结合预习课文进行主题阅读拓展自己的知识面。再说严密流畅,因为这是一篇议论文,我们在品读语言时总结出议论文要简洁严密又不失生动有趣,孩子们领略到其中的奥妙,学以致用,回答问题不拖泥带水,一语中的,偶尔来点小幽默,表达流畅自然。最后说说精彩纷呈,学生们回答问题很有个人特色,不会轻易受到其他同学的影响。如我们一起探讨课文所写事例的相似点时,有的能从内容方面发现科学精神的一般规律,有的能从篇章的角度发现事例的结构相同,还有的能抽丝剥茧进而发现事例内部的详略安排。不得不说,这是一帮有思想会读书的孩子!与你们上课,是我执教生涯的一段奇缘,一种幸福!

杨璐怡老师(海珠区万松园小学老师,区第十一届"明珠杯"语文学科奖):在区第十一届"明珠杯"决赛时,我借用了赤岗小学五年级的学生执教参赛课《临死前的严监生》。在上课前的学生见面时,我已感受到赤岗小学学生学习热情高涨,他们的知识面广,乐于表达和分享。在课堂上,孩子们有良好的学习习惯,学习积极主动性很高。一般来说,五、六年级的孩子对于在课堂上举手发言都会显得羞涩,但令我惊喜的是,执教班级的很多同学都能积极举手发言,而且这份积极性还能在整节课中保持下来。而从学生的发言来看,也能让我及听课的老师感觉到,孩子们对语文学习有着浓厚的兴趣,更有自己的一套学习方法,悟性很高。我执教的内容有许多角色朗读的环节,孩子们都能走进人物内心,读出情感,读出自己的理解。在练笔的环节,我给孩子们提供了一些图作参考,同时也提醒他们可以跳出我给的图,选择身边的例子来写。让我欣喜的是,不少同学乐于挑战自我,选择自己身边的例子进行练笔,而且大部分同学都能在指定的时间内完成高质量的练笔。我想,赤岗小学的学生能形成这样良好的学习主动性和积极性,有一定的自学自悟的能力和较强的自我要求、自我提高的内驱力,一定与平时老师的明确要求和扎实训练是分不开的。

邓安琪老师（海珠区南燕小学老师，区第十一届"明珠杯"语文学科一等奖）：赤岗小学，与我颇有缘分。我眼中的赤岗小学学生有两大优点。一是大方活泼、乐学善学。学生们自由的谈吐、随性的交流，是公开课上得多、世面见得广的缘故，孩子们表现出的从容与自在让我震惊。我一番多种语言的自我介绍，让学生瞬间展开了热烈的讨论——天马行空的猜想，五花八门的问题，你一言我一语，天真无畏，大胆而不失礼仪。二是乐学善学。两次在赤岗小学上课，内容均为高年级阅读课，课文中不乏含义深刻、难以理解的句子。在老师的引导下，孩子们全身心投入到课堂之中，逐渐深入课文，透彻理解，动情朗读，可见学生的学习能力和领悟能力是极好的。在执教一篇略读课文时，我事先并未提出具体的预习要求，但上课前我发现，大多数学生的语文书上已写满了密密麻麻的读书批注，看来孩子们上课前，已经自觉做好了充分的阅读准备，这使我们的课堂教学可站在更高的起点，教学内容也能更丰富，教学效率也会更高。赤岗学子大方的谈吐、活泼的性格，乐学善学的品质给我留下了深刻的印象。

赖敏贤老师（海珠区第二实验小学老师，区第十一届"明珠杯"数学学科二等奖）：2014年11月，我因参加"明珠杯"初赛活动到赤岗小学，跟五年级一个班的孩子上了一节初赛课。孩子们在以下两方面给我留下了深刻的印象。一是言行。给我印象比较深刻的是，从踏入校园起，"你好""老师您好"声音无处不在，让人一进校门就感觉到温暖。"老师好""老师休息""谢谢"，简短的问候，能看出学生的尊师观念很浓厚，也让我感受到礼仪教育的魅力。二是上课。新课程提倡自主合作探究式的教学模式，而我所上的课"三角形的面积"也需要在课堂上进行小组合作，完成图形的拼组。我发现赤岗小学的学生在合作的过程中，团队意识、合作精神、交流能力非常强，每组的小组长能分配好每个组员的任务，谁负责记录、谁负责发言、谁负责操作等等都安排得很到位。在汇报时孩子能流利表达内容，同学也能认真倾听，孩子的行为习惯很不错，可以看出赤岗小学的孩子心中有他人、心中有集体的优良品德。

王争老师（海珠区东风小学老师，区第六届"海教杯"音乐学科一等奖）：在我的印象中，赤岗小学的学生普遍自信大方。每次音乐课堂上都能看到孩子们信心满满、落落大方的表现，特别是在某些需要同学参与的音乐体验环节，孩子们都乐于参与、勇于探究。更值得一提的是，在两位音乐老师多年精心的培养下，学生们的音乐素养相当高，视唱能力以及歌唱能力在海珠区名列前茅！正因如此，区各种音乐研讨课、比赛课都在赤岗小学举行。

郑苑娥老师（广东省梅州市五华县双华镇虎石小学）：我有幸到赤岗小学参加跟岗学习，听了音乐科组长蔡佳娜老师五年级的一节竖笛课和一节唱歌课，真是大开眼界！看着一个个"小演员"在蔡老师的指导下，认真抒情地演奏着两个声部的《雪绒花》和《天空之城》，我深深地被感染了，突然觉得这些孩子好幸福……在《乘着歌声的翅膀》唱歌课中，我觉得蔡老师除了教会学生唱歌曲、掌握歌曲里所包含的乐理知识和解决难点外，注重引导孩子们理解歌曲的情感。她用自己的肢体语言，告诉孩子们怎样才能把一首歌曲有感情地完整演绎。随着音乐与蔡老师亲切优美的动作，我们仿佛是她的学生，被深深地吸引了、陶醉了。这样的音乐课，哪个孩子不喜欢上呢？蔡老师不仅课上得好，待人也特别热情，对我们提出的任何问题都耐心地讲解，真的好感动！

翁爱雄老师（广东省梅州市五华县水寨镇第二小学音乐老师）：今天听了蔡老师的一堂音乐唱游课和一堂音乐欣赏课。蔡老师在上《哎呀！玛丽亚掉了宝石花》唱游课时，把这首歌的速度、力度、情绪的变化掌握得恰到好处，特别是玛丽亚在没找到宝石花和找到宝石花时的情绪变化在蔡老师动听演唱中巧妙地体现出来，学生在教师手势指挥带动下把演唱时的气息、声音位置都掌握得恰如其分。才二年级的孩子啊！我看到了孩子们的多才多艺、扎实的基本功以及良好的综合素质！是老师给孩子们从小搭建了一座锻炼和展示自己的平台，让学生散发灵气！这节课太多值得我们学习和借鉴的地方了！真的是无可挑剔啊！感谢蔡老师！

严慧萍老师（广东省梅州市五华县郭田镇郭田学校小学部音乐老师）：今天是我们跟岗学习的第五天，也是学习的最后一天。在这里学习的点点滴滴让我们难以忘怀！上午我们在蔡老师的支持和配合下，顺利地完成了汇报课展示。我发现孩子们的基本功非常扎实，他们整体的音乐素养都很高，连二、三年级的学生，对音乐中的一些理论知识都掌握得很好！而且这些孩子们会跟着老师的思维走，回答问题中肯到位。孩子们能有这样的基础，是离不开老师平时辛勤耐心的指导的。在创编活动中,孩子们并不会因为我是一位陌生的老师而羞怯或不配合,这点非常棒!

翁雅老师(广东省骨干教师跟岗学员,广州市越秀区朝天路小学英语老师):赤岗小学礼仪社团的"小导游"们淡定自如、娓娓道来的解说,让我们在短短的时间内熟悉了学校的环境;以展示雅慧学子风采为主题、简单而又隆重的升旗仪式,为孩子们提供了展现自我的平台;课间的热情问候,展现了孩子们的个性;课堂上孩子们踊跃发言、善于思考的特质,为我们留下了深刻的印象。

郭苑怡老师(海珠区宝玉直实验小学英语老师):去年,我在赤岗小学异地上课,上课班级是五年级学生,学生热情、兴奋地投入到课堂学习上。虽然本课新授课的内容还没有上,但是孩子们还是非常积极地举手发言,善于思考,大胆表达自己的见解。非常欣赏孩子们能声音响亮地回答问题。在最后 funny town 活动中看得出平时老师做过大量的小组合作活动,在此环节,孩子们各抒己见,勇于把自己的想法与同伴沟通,并且分工好,哪位同学负责画画、哪位同学负责文字编写、哪位同学负责审阅等,都非常快地定下来,然后开展活动。在展示中,孩子们把本课的知识进行加工运用,达到了良好的效果。其他小组的孩子也能认真专心地聆听,总体表现非常棒!

刘素丹老师(海珠区江海小学,区第十一届"明珠杯"英语学科二等奖):2015 年 4 月,我参加海珠区第十一届"明珠杯"青年教师课堂评比决赛,比赛前在赤岗小学三年(1)班进行试教研讨。这是一帮思维活跃、纪律意识强、学习习惯良好的孩子。我所教的内容是三年级下 Unit 8 Apples are good for us. Fun with language。根据教学目标,我创设了五个卡通人物,它们被水果怪物抓到水果星球去,学生须完成五个怪物设定的相关任务才能救出被分别关在五个水果屋子的卡通人物。情景贯穿整个课堂需设定很多闯关游戏,因此,要求学生纪律意识强,听指令,高度配合课堂活动。该班孩子课堂注意力集中、遵守课堂及游戏规则,在教师的引导下顺利完成闯关任务,在游戏中完成学习任务,营造了"在玩中学""在学中玩"的课堂氛围。模拟水果沙拉的制作过程,通过与人对话交流,在生活场景中实际运用句型。该班学生小组合作意识好,开口说英语的欲望强,在小组展示环节大方得体,自信连贯地说句子，是一群爱学习、爱思考、爱开口的孩子。

植洁屏老师（海珠区逸景第一小学，区"明珠杯"品德学科一等奖）：在我参加海珠区"明珠杯"品德课堂教学评比时，我有幸与赤岗小学二年（2）班的孩子一起上了一节课《好大的一个家》。二年（2）班孩子们给我留下了美好的印象。这是一班见多识广、勇于表达的孩子们。教学内容涉及祖国是个多民族国家，教师在课堂上要和孩子们一起认识各个民族，并感受全国人民民族团结，亲如一家。由于这是一节活动型的课，教学对像是二年级的孩子，加上又是异地教学的比赛课，课前我还是有点担忧，怕课堂会失控，怕孩子们在课上的表现不积极。但接触这班孩子不久，就打消了我的顾虑。孩子们在我精心创设的情景下，畅游祖国，拜访各个不同的民族，了解不同民族的风俗习惯。孩子们在课堂上的表现非常棒！不少孩子的课外知识非常丰富，侃侃而谈，足见孩子们平时就非常善于学习，善于通过阅读积累丰富的课外知识。而一些表演活动中，出来表演的孩子也落落大方，记忆最深的是那个跳新疆舞的女孩，表现非常优秀，赢得了在场师生的热烈掌声。赤岗小学孩子们优秀的表现、良好的学习习惯，给我留下了美好的印象，让我喜爱！

三、教师变化

在教师专业化成长方面，教师更新教育教学观念，提高了教育教学质量，提升了教科研能力。经过几年的课题研究，在专家的指导下，教师们逐步懂得：教学应该立足于自然界生命三个生长法则来进行。一是整体学习基于"整体生长"法则，即细节离不开整体，整体决定行为的成败，好的教学看重知识的整体结构和整体脉络。二是自学辅导教学基于"主动生长"法则，即好教师总是让学生自己主动学习，让学生自己去尝试错误，在尝试错误中逐渐学会学习。三是兴发教学基于"为满足欲望而生长"法则，即好的教学必须考虑学生的情感欲望和基本需要，好的教师需要激励、唤醒和鼓舞学生，以此满足学生的"被承认的欲望""无休止的虚荣心"或"权力意志"。

（一）教师专业成长

在学习与研究的过程中，教师的学科专业水平和研究水平得到提升。赤岗小学一直关注学校教师的"幸福指数"，注重引领教师"走专业成长之路，享教师幸福人生"，打造了一支积极向上、有活力、重发展、师德优良的优秀教师团队，团队中形成了温馨、和谐、快乐的氛围，让教师以阳光的心态投入到教育教学工作中，让每一名教师都能找到自己独特的位置，鼓励每一位教师实现自己的人生价值，学校的"和慧教师团队"于2014年10月被评为"广州市教师幸福团队"。我们每学期组织教师进行优秀科研课例比赛，每学期都涌现大批优秀课例。在团队合作的基础上，教师通过逐步积累、探讨、研究，形成了具有个人特色的有效教学资料及研究论文，提高自身的教学水平和教学效益。

以麦燕琼老师为例，在参与和乐教育行动研究的过程中，麦老师将她个人已有的专业智慧与和乐教育融合贯通，逐渐形成"严谨、简约、高效"的和乐教学风格。

麦燕琼（小学数学高级教师，教育管理本科毕业）从事小学数学课堂教学研究27年，曾参加海珠区第二届"海教杯"课堂教学评比数学科二等奖，所撰写论文均在市级以上刊物发表，近十年积极参与学校《和乐教育的研究》《和乐课堂的实践研究》《礼乐教学的行动研究》三个课题以及个人的《小学数学教学中课前任务支架设计与实施的研究》的研究，在小学数学教育、数学管理及辅导青年教师等方面积累一定的经验。

多年从事小学数学教学与研究，且行且思、渐行渐悟，严谨、简约、高效的课堂教学风格成了她矢志不渝的追求。严谨是指传授知识正确，教学要求规范，教学流程科学有序，不出现讲错知识点、违背教学规律进行教学的现象。简约是指简明扼要，没有多余的内容。莎士比亚有句名言"简洁是智慧的灵魂"，借鉴到数学教学中就是要删繁就简、返璞归真，追求形式简约而内蕴丰厚的数学课堂。我们应赋予数学课堂简约朴实之美，提高课堂实效。高效课堂是指常态的课堂教学中，通过教师的引领和学生的积极主动的学习，在单位时间内（一般一节课）高效率、高质量地完成教学任务。

和乐教育的行动研究

从想跳槽到想做一名好教师[①]

我1984年师范英语专业毕业，分配到一所离家比较远的村办小学，当时离家小区一墙之隔就有一间很著名的省级学校，附近也有几间区、市级学校，但是我偏偏被分配到离家较远的一所村办学校去，心里很不安。接我的校长说，他们学校很需要师范生充实到教师队伍，因而对我寄予厚望，委予重任，安排我教毕业班的英语兼全校少先队大队辅导员工作。对一个刚毕业、毫无经验的人来说，工作量无疑是很大的，压力更大，英语教学和少先队辅导员工作无法兼顾，工作局面难以打开，天天在焦虑中。

毕业那几年，改革和出国之风正盛，懂一门外语是很吃香的，同班的28个同学出国的出国、转行的转行，留在教师队伍的没几个。看看周围同学，再想想自己，加上各方面待遇都很低，我也曾萌生跳槽的念头。后来数学老师缺人，主管教学的副校长建议我转教数学，说小学老师就是"万金油"，什么需要就教什么。那时自己还年轻，也没有想太多，教就教吧。

几个月后，学校和科组老师来听课。课上毕，这位副校长冲向前，拉着我的手说："条理清晰，语言简练，很好！很好！"这是我做教师以来第一次获得别人的赞赏，我也非常激动。后来有同事悄悄告诉我，副校长是顶着压力担保我教数学的。顿时，我很感动，感觉遇到贵人。

成家后，我就静下心来，认真钻研教材教法，校内公开课一次比一次好，老师们的评价也越来越高，我的信心也越来越强，成功感也越来越多。后来，学校推荐我去参加海珠区的第二批骨干教师培训班，与外校的名教师、骨干教师一起学习，这段时间，我的教育教学水平也得到质的飞跃，顺利评上小学数学高级教师。

再后来，由于单位离家较远，我申请调到了海珠区赤岗小学。离开前我特意去感谢沈校长的知遇之恩。沈校长鼓励我无论在哪工作，都不要忘记初心，好好工作。如果说当初我留下来做老师仅仅是为了一份工作，那么到了赤岗小学，我不再是为了工作，而是为了兴趣。我越来越喜欢这份工作，喜欢这份能带给我成功感的工作。我见证了赤岗小学从一间普通的城乡接合部的学校，发

---

① 本节由麦燕琼撰写。

第七章 和乐教育行动研究的效果

展为区一级学校、市一级学校到省一级学校，成为东部唯一一所省一级学校。

在这过程中，我也从一名普通的数学教师成长为骨干教师、教导主任。近十年，我积极参与学校的《和乐教育的研究》《和乐课堂的研究》《礼乐教学的行动研究》以及个人课题《小学数学教学中课前任务支架设计与实施的研究》的研究，"严谨、简约、高效"的课堂教学风格也逐渐形成。

数学是人们生活、劳动和学习必不可少的工具；数学能帮助人们处理数据，进行计算、推理和证明；数学为其他科学提供了语言、思想和方法，是一切重大的技术发展的基础；数学能提高人的推理能力、抽象能力、想象力和创造力。所以，"严谨、简约、高效"的和乐课堂成了我的追求，本人也在这方面进行探究。

（1）严谨——源于数学学科特点的感悟。数学是一门高度抽象的学科，数学教育不仅传授知识，更重要的是传授理性思维，这两方面都要求数学教师的教学活动具有严谨性。

一要确保知识传授的正确性。小学数学教材的知识对于教师来说不存在问题，但是教材编写者考虑到小学生学习数学的特点，有些没有明确写出知识点，以例题或问题解决来代替，有些没有写出知识产生的背景和去向，留给教师较大的处理空间。针对这些问题，如果备课不认真，就会导致教学工作的不严谨，以致出错。如像"$a/1$"（a是不为0的自然数）这样的分数，教材中没有明确说明它是真分数、假分数或是带分数，不少教师认为它是假分数，理由是分子比分母大或相等。其实，按照分数的定义，它不是分数，更不是假分数，它是整数，是写成假分数形式来表示的整数。数学教材是教材编写者根据课程理念进行创编的结果，作为教师，首先要尊重教材，其次是不能把它当成金科玉律，对于不严谨之处，还要有自己的主见。尽量避免把错误的数学知识、信息传递给学生。

二要力求教学要求的规范性。数学是一门研究数量关系和空间形式的科学，具有严密的符号体系、独特的公式结构、形象的图像符号，对培养学生的思维品德无可替代。通常数学问题的解决，不仅要遵从教学的规律，而且也要合符逻辑。如分数的写法，在多年的教学中，我一直按照旧教材教参书中的要求"先写分数线，再写分母，最后写分子"来要求学生进行规范的书写。后来有老师质疑，因从分数与除法的关系，应该"先写分子，再写分数线，最后写分母"比较顺从。所以，按照旧教材教参的书写顺序写分数，是不严谨规范的，教师没有必要统一要求。又如，平常我们常说的"拿出三角形"这样错误的数学语言，应该说成"拿出三角形纸片"或"三角形实物"，还有"缩小10倍"应该说成"缩小到原来的1/10"才是规范的说法。

三要注意数学语言的科学性。斯托利亚尔指出"数学教学是数学思维的教学"，因此，数学教师的语言要在有效的培养学生的思维上下功夫。数学教师对定义、定理的叙述要准确科学，不能让学生产生疑问或误解，教师要对概念的实质和术语的含义有透彻的理解。如"整除"与"除尽"、"数位"与"位数"等不能混为一谈。另外，必须用科学的术语来授课，保证概念、法则、定义的科学性。例如，不能把"最简分数"说成"最简单的分数"，不能把"垂线"说成"垂直向下的线"。

（2）简约——源于对数学教学过程的理解。简约教学并非是教学的创新，而是对本质的回归，是对教学本质认识后的返璞归真、去伪存真。简约的课堂不简单，简单的课堂需要不简单的老师。

一是教学目标简约。目标决定课堂活动的导向、内容、方法和效果等。课前，教师要认真思考教材、教辅资料，上课内容要达到的三维目标等，并结合实际制定确实可行的课堂教学目标。

二是教学内容简约。课堂时间是有限的，学生的注意力、精力也是有限的。因此，数学教学的内容应该简约，必须有所侧重，围绕一节课的重点进行高效教学，选材"少而精"，用材"简而丰"。教师要合理处理整合教材，有效取舍，达到"以少胜多"的效果，从而让数学教学过程高效简约，教学内容务实有效。

三是多媒体应用简练。多媒体应用于课堂的目的就是为教学服务。但是，有些老师在使用多媒体方面往往过犹不及，从而导致视觉疲劳，削弱学生对于概念、知识本质的理解与应用。甚至有的课堂出现无板书、无看书、无笔记、无作业的现象，这些都与多媒体课件的过多使用有关。教师应当把握使用多媒体的时机，选择性地采用课件。

四是课堂练习简要精巧。教师要对练习内容进行整合重组，删去重复练习，补充设计部分新练习；删除低效或无效的问题，聚焦重难点，设计相关习题，以达到针对性练习的目的；围绕学生易错点，遵循由浅入深的原则，设计层次性的练习，既巩固新知识，沟通新旧知识的内在联系，又发展学生的能力。

总之，简约的教学而非简单教学，必须在教学设计和教学环节等各方面都能高效化、务实化，才能在课堂中留下更多的时间给予学生，让学生成为课堂的主体。

（3）高效——源于对教学效果的追求。高效课堂是指常态的课堂教学中，通过教师的引领和学生的积极主动的学习，在单位时间内（一般一节课）高效率、高质量地完成教学任务。在教学中，我们要把握教材脉络和学生学习实际，一切从教学效果出发，精心设计教学活动，使课堂教学简约高效。

一是把握学生学习起点，从浮躁走向扎实。数学知识是螺旋式上升的过程，一个教学内容，会以逐步提升学习要求的方式分散在各个年级的教材中。从编者的角度看，是分散难点，尽量让学生在合适的年龄段学习适合的内容。但教学内容的分散也带来学生对前期学习内容的遗忘，所以，在进行教学设计时要沟通同一知识前后之间的联系，为学生铺设通向新知的有效桥梁。

二是把握课堂教学重难点，从扎实走向高效。40分钟的课堂教学时间是个常量，在教学内容纷繁复杂的状况下，要达到课堂教学的高效，需要找准课堂的关键点，实行一点突破、一课突破，从而更好的达成教学目标。

三是把握教材知识延伸点，从高效走向深刻。数学是思维的体操，数学学习的主要目的是启迪思维，形成技能。在设计教学时，要牢牢把握教学的"度"，基于教材而略高于教材，适度拓展延生，使得数学知识更具有宽度和深度，使得学生的数学思维逐步走向严密和深刻。

在"专家指导、校长引领、同伴互助、个人研习"的培训下，一批批骨干教师成长起来，其中有省名师工作室主持人1人，省骨干教师1人，省优秀老师1人，市名校长工作室主持人1人，市骨干老师3人，市优秀老师3人，市优秀班主任8人，市特约教研员2人，区骨干教师5人，区中心组成员8人。

（二）教师科研成果

在《和乐教育的研究》这一学校课题的引领下，全校有 11 个课题得以立项，39 篇教科研论文在各类刊物上发表，教师教学获奖硕果累累（表 7.8 至表 7.10）。

表 7.8　2013—2018 学年赤岗小学教师在省级以上刊物发表的论文目录

序号	项目名称	作者
1	《立足于自然法的教学改革及其行动研究》发表于《全球教育展望》	林秋玉 刘良华
2	《和而不同　乐思会学》发表于《中小学德育》（省级）	林秋玉
3	《基于"自然法"的预习任务支架设计的研究与思考》发表于《广东教育》	蒋英姿
4	《浅谈如何营造良好的课堂教学氛围》发表于《中国教师》	彭育聪
5	《谈以"预习任务支架"为特色的几何图形公式教学》发表于《小学教学参考》	蒋英姿
6	《小学数学"整理和复习课"有效教学教法的探讨》发表于《课程教育研究》	张彩华
7	《浅谈"游戏策略"识字教学中的运用》发表于《好家长．生活教育》	邓焕燕
8	《课改下小学数学课堂兴趣教学的策略》发表于《新校园》	张彩华
9	《六年级数学复习课的有效教学策略》发表于《发现．教育》	张彩华
10	《浅谈年级学生写话兴趣的培养》发表于《好家长．生活教育》	邓焕燕
11	《礼乐数学课堂"兴发——体验——主见"的探究》发表于《文理导航》	麦燕琼
12	《巧用"自助餐式"Duty Report，提高学生的英语听说能力》发表于《新课程》	肖丽琼
13	《小学英语课堂练习的有效设计与组织应用》发表于《广东教育》	高小兰
14	《推行"生活化"品德教学，提高课堂教学实效》发表于《中国教师》	林秋玉
15	《小学数学教学中有效预习策略研究——以"梯形面积的计算"一课教学为例》发表于《小学教学参考》	蒋英姿

（续上表）

序号	项目名称	作者
16	《如何提高英语练习组织与运用的实践性》发表于《广东教育》	高小兰
17	《小学英语练习系统的基本结构》发表于《教育导刊》	高小兰
18	《浅议英语课堂练习的平衡》发表于《教学月刊》	高小兰
19	《"和乐教育"实践研究》发表于《教育观察》	林秋玉
20	《小学英语课堂听力练习的有效运用》发表于《疯狂英语》（教学版）	肖丽琼
21	《严谨、简约、高效课堂的探索》发表于《文理导航》	麦燕琼
22	《"有效预习"让课堂教学更生动——"梯形面积的计算"微课诊断》发表于《教研周刊》	蒋英姿
23	《刍议地理题材品德课堂教学的策略研究》发表于《新教育时代》	陈 然
24	《以"读写结合"提高学生语文运用能力》发表于《好家长》	胡海燕
25	《小学英语RLPR教学模式研究》发表于《教育导刊》	高小兰
26	《基于英语学科核心素养下的小学英语RLPR话题教学》发表于《师道教研》	高小兰
27	《小学英语话题教学练习活动设计》发表于《广东教育（综合）》	高小兰
28	《打造趣味数学课堂，培养学生乐学情趣》发表于《教育科学》	谢从姣
29	《优化数学课堂教学，发挥学生主体作用》发表于《教育科学》	谢从姣
30	《创设问题情境激发学生创新意识》发表于《教研周刊》	
31	《小学英语RLPR教学模式新授课的"学习新知"教学原则与策略》发表于《师道教研》	黄丽君
32	《小学英语RLPR教学模式"引起关注"教学原则与策略》发表于《师道（教研）》	刘婵兴
33	《小学英语RLPR教学模式"练习实践"教学原则与策略》发表于《师道（教研）》	廖惠蕾
34	《小学高年级数学学生自主学习能力的培养心得》发表于《中外交流》	张彩华
35	《小学英语PLRP教学模式"学习新知"的情境教学策略》发表于《师道教研》	肖丽琼
36	《关于小学语文识字教学探讨》发表于《教育》	钟素文

（续上表）

序号	项目名称	作者
37	《小学生职业启蒙教育的实践探索》发表于《教育观察》	陈 然 林秋玉
38	《小学六年级数学复习课教学的有效性研究》发表于《新课程》	张彩华
39	《地理题材品德课课堂教学策略例谈》发表于《读写算》	陈 然

表7.9　2007—2018学年林秋玉在赤岗小学主持、参与、指导的立项课题一览表

序号	等级	项 目	课题负责人	主持/参与/指导	立项单位
1	省级	广东省教育科研"十二五"规划课题《小学英语RLPR教学模式的构建与实施》	高小兰	参与第二	广东省教育科学规划领导小组办公室
2	市级	广州市教育科学"十二五"规划课题《"礼乐教育"的行动研究》	林秋玉	主持	广州市教育局
3	市级	广州市教育研究院立项小课题《"品德与社会"地理题材内容的教学策略研究》	陈 然	指导	广州市教育研究院
4	市级	广州市教育研究院立项小课题《"品德与社会"历史题材内容的教学策略研究》	彭舜怡	参与第二	广州市教育研究院
5	市级	广州市教育研究院课题《小学生野鸟观察活动案例的开发与实践——基于STEM的本土化STEEN教育研究》	陈建明	指导	广州市教育研究院
6	市级	2019年百个学校思想政治理论课课题《道德与法治地理题材内容的教学策略研究》	陈 然	参与第二	广州市教育局
7	区级	海珠区教育科学"十一五"规划重点课题《"和乐教育"的研究》	林秋玉	主持	海珠区教育局
8	区级	海珠区教育科学"十二五"规划2013年教师专项课题《小学数学教学中课前任务支架设计与实施的研究》	蒋英姿	指导	海珠区教育局

第七章 和乐教育行动研究的效果

（续上表）

序号	等级	项目	课题负责人	主持/参与/指导	立项单位
9	区级	海珠区教育科学"十二五"规划2013年教师专项课题《小学六年级数学复习课教学的有效性研究》	张彩华	指导	海珠区教育局
10	区级	海珠区教育科学"十二五"规划2014年教师专项课题《小学英语听力训练策略的研究》	肖丽琼	指导	海珠区教育局
11	区级	海珠区教育科学"十二五"规划2014年教师专项课题《小学毽球特色项目建设的实践研究》	黄湘伟	参与第四	海珠区教育局

表7.10　2007—2018年赤岗小学教师教学获奖一览表

授予时间	获得奖项	级别	授予单位	获得者
2019.2	2018年海珠区第十二届"明珠杯"课堂教学评比一等奖	市	海珠区教育局	陈祝欢
2018.12	2018年广州市小学品德优质课交流评比活动一等奖（《大家熟悉的规则》）	市	广州市教育研究院	陈祝欢
2018.12	2018年广州市"一师一优课，一课一名师"市级优课（《快乐的农夫》）	市	广州市教育局	蔡佳娜
2018.12	2018年广州市"一师一优课，一课一名师"市级优课（《光辉的历程》）	市	广州市教育局	陈然
2018.12	2018年广州市"一师一优课，一课一名师"市级优课（《地图就是一幅画》）	市	广州市教育局	陈然
2018.12	2018年广州市"一师一优课，一课一名师"市级优课（《let's look back》）	市	广州市教育局	刘婵兴
2018.12	2018年广州市"一师一优课，一课一名师"市级优课（《有效管理情绪》）	市	广州市教育局	彭舜怡
2018.12	2018年广州市"一师一优课，一课一名师"市级优课（《踢毽子》）	市	广州市教育局	黄湘伟

（续上表）

授予时间	获得奖项	级别	授予单位	获得者
2018.6	2017学年海珠区小学数学教师（非青年组）教学观摩活动中，《运算定律简便运算练习课》获三等奖	区	海珠教育发展中心	陈 亮
2018.4	2016—2017年度广东省"一师一优课，一课一名师"省级优课	省	广东省教育厅	高小兰
2017.12	2017学年度第一学期海珠区小学道德与法制一年级教学录象课评比二等奖	区	海珠区教育发展中心	陈祝欢
2017.12	《Module3 Famous people – Unit5 Dr Sun Yatsen-Fun with language》被评为教育部2016—2017年度"一师一优课，一课一名师"活动优课	国家	中央电化教育馆	高小兰
2017.12	广州市小学道德与法治一年级优质课教学技能交流评比三等奖《吃饭有讲究》	市	广州市教育研究院	陈祝欢
2018.5	2016—2017年度广州市"一师一优课、一课一名师"活动基础教育市级优课《踢毽子》	市	广州市教育局	姚再杰
2018.5	2016—2017年度广州市"一师一优课、一课一名师"活动基础教育市级优课《解决问题》	市	广州市教育局	庞泽莲
2018.5	2016—2017年度广州市"一师一优课、一课一名师"活动基础教育市级优课《女娲补天》	市	广州市教育局	杨梅琴
2018.5	2016—2017年度广州市"一师一优课、一课一名师"活动基础教育市级优课《Fun with language》	市	广州市教育局	高小兰
2017.1	《长江的诉说》在教育部2015—2016年度"一师一优课，一课一名师"评为"优课"	国	中央电化教育馆	林秋玉
2016.12	《做个懂礼仪、有礼貌的小学生主题中队会》获2015年"海少杯"少先队论文、少先队活动案例评选三等奖	区	海珠区少工委	钟素文

(续上表)

授予时间	获得奖项	级别	授予单位	获得者
2017.2	2016年海珠区小学第五届"海教杯"课堂教学评比品德科三等奖	区	海珠区教育局	杨梅琴
2017.2	教育部2015—2016年度"一师一优课，一课一名师"活动中评为广州市市级优课（沿着江河走下来）	市	广州市教育局	林秋玉
2017.2	教育部2015—2016年度"一师一优课，一课一名师"活动中评为广州市市级优课（平等与垂直）	市	广州市教育局	庞泽莲
2017.2	教育部2015—2016年度"一师一优课，一课一名师"活动中评为广州市市级优课（Let's talk）	市	广州市教育局	高小兰
2017.3	海珠区2015—2016年度"一师一优课，一课一名师"优课《民族民间体育活动——3.踢毽子》	区	海珠区教育局	黄湘伟
2017.3	海珠区2015—2016年度"一师一优课，一课一名师"优课《5.平行四边形和梯形——平行与垂直》	区	海珠区教育局	庞泽莲
2017.3	海珠区2015—2016年度"一师一优课，一课一名师"优课《二.可爱的祖国——2.沿着江河走下来》	区	海珠区教育局	林秋玉
2017.3	海珠区2015—2016年度"一师一优课，一课一名师"优课《Module4 Activities – Unit8 What are you doing?—Let's talk》	区	海珠区教育局	高小兰
2016.12	2016年海珠区小学优秀主题班会教学设计征集评选活动三等奖（《笑迎挫折，磨砺人生》）	区	海珠区教育局德体卫艺科	林有娟
2016.3	在广东教育学会教育技术专业委员会与广东省外语艺术职业学院联合举办的广东省小学、幼儿园"微课"作品征集评选活动中what are you doing获小学组三等奖	省	广东教育学会教育技术专业委员会	高小兰

（续上表）

授予时间	获得奖项	级别	授予单位	获得者
2016.1	《黄河东流水》获2015学年第一学期"海珠区小学品德课程教师综合素质优质课评比"一等奖	区	海珠区教育发展中心	林秋玉 彭舜怡 陈 然
2016.1	《黄河东流水》获2015学年度第一学期"广州市小学品德课程教师综合素质优质课评比"二等奖	区	广州市教育研究院	林秋玉 彭舜怡 陈 然
2016.1	2015年海珠区践行社会主义核心价值观微课评比一等奖《敬业托起梦想的翅膀》	区	海珠区教育局	林有娟
2016.1	2015年海珠区践行社会主义核心价值观微课评比二等奖《做个敬业的小学生》	区	海珠区教育局	陈素玲
2016.1	2015年海珠区小学综合实践活动优质课大赛（《情系中国结——制作课》）三等奖	区	海珠区教育发展中心	李凤华
2016.1	广州市中小学综合实践活动优质课暨第三届教学技能小学三等奖	市	广州市教育研究院综合实践活动科	李凤华
2015.6	"培育和践行社会主义核心价值观"优秀班会课评比一等奖	区	海珠区教育局	陈素玲
2015.6	"培育和践行社会主义核心价值观"优秀班会课评比二等奖	区	海珠区教育局	林有娟
2015.6	"培育和践行社会主义核心价值观"优秀班会课评比三等奖	区	海珠区教育局	江国贤
2015.6	第11届"明珠杯"青年教师课堂教学评比（品德科）三等奖	区	海珠区教育局	黄卫华
2015.3	课例：《生活垃圾分类探究——选题课》获广州市义务教育阶段综合实践活动项目推进成果评奖活动优秀课例三等奖	市	广州市教育研究院	李凤华
2015.10	2015年度广东省小学品德综合课优秀教学成果展示交流活动教学设计评比一等奖（《地球上的红飘带》）	省	广东省教育研究院	陈 然

（续上表）

授予时间	获得奖项	级别	授予单位	获得者
2015.12	广州市"培育和践行社会主义核心价值观"中小学优秀班会课教案评比三等奖（《做一个敬业的小学生》）	市	广州市教育局	陈素玲
2015.12	广州市"培育和践行社会主义核心价值观"中小学优秀班会课教案评比三等奖（《我诚实，我守信，我快乐》）	市	广州市教育局	江国贤
2015.12	广州市"培育和践行社会主义核心价值观"中小学优秀班会课教案评比一等奖（《敬业托起梦想的翅膀》）	市	广州市教育局	林有娟
2015.1	《长江的诉说》一课参加广州市小学品德教师第三届综合素质优质课教学技能评比一等奖	市	广州市教育研究院	陈　然 林秋玉 彭舜怡
2014.12	《长江的诉说》一课参加2014学年度第一学期"海珠区小学品德课程教师综合素质优质课评比二等奖	区	海珠区教育发展中心	陈　然 林秋玉 彭舜怡
2014.10	《地球上的红飘带》一课参加2013学年度第二学期海珠区小学品德教师教学智慧优质课录像课评比一等奖	区	海珠区教育发展中心	陈　然
2014.6	《地球上的红飘带》一课参加2013学年度下学期广州市小学品德教师教学智慧优质课录像课评比一等奖	市	广州市教育局教学研究室	陈　然
2014.12	2012—2013年"海少杯"少先队论文、少先队活动方案评选活动中，方案《"我志愿　我快乐"三（3）中队主题队会》荣获一等奖	区	海珠区少工委办公室	黄卫华
2014.12	《木棉仔跨越障碍栏的动画制作》在2014年广州市中小学信息技术学科教学资源评比活动中获小学组教学微课类三等奖	市	广州市教育研究院信息技术科 广州市中小学信息技术教学研究会	袁志克

（续上表）

授予时间	获得奖项	级别	授予单位	获得者
2014.12	《"生活垃圾分类探究"选题课》在2014年中小学综合实践活动课程展示交流活动中被评为优秀课例奖	省	广东省教育研究院	李凤华
2014.1	在全区综合实践活动教研活动中执教《"生活垃圾分类"探究——选题课》公开课	区	海珠区教育发展中心	李凤华
2014.2	2013学年海珠区小学语文教学设计评比（《凡卡》）获二等奖	市	海珠区教育发展中心	林有娟
2013.9	2012学年"海教杯"数学学科课堂教学评比，获三等奖	区	海珠区教育局	谢从姣
2013.6	教学设计《开心游乐场——图像的旋转与翻转》在2012学年广州市中小学信息技术学科教学设计评比活动中获小学组二等奖	市	广州市教育局教研室 广州市小学信息技术教学研究会	袁志克
2012.5	六年级全区课例研讨活动执教《凡卡》第一课时	区	海珠区教育发展中心	林有娟
2012.12	2011年"海少杯"少先队论文、少先队活动设计方案评选活动中，《"我的理想"中队主题会活动方案》获一等奖	区	海珠区少工委	陈素玲
2012.1	2011年海珠区中小学体育与健康课程优秀（录像课）公开课评比小学普通组二等奖（课题：技巧 头手倒立）	区	海珠区教育发展中心	黄湘伟
2011.5	《中国真大》获"广州市小学品德十佳教师"团队优质课一等奖	市	广州市教育局教学研究室	陈 然
2011.7	海珠区小学第十届"明珠杯"课堂教学评比英语学科三等奖	区	海珠区教育局	肖丽琼
2011.6	2010年"海少杯"少先队活动设计方案三等奖（《"同在一片蓝天下，红领巾手拉手，学雷锋献爱心"大队活动方案》）	区	少先队海珠区工作委员会	慕瑞华

第七章 和乐教育行动研究的效果

（续上表）

授予时间	获得奖项	级别	授予单位	获得者
2010.6	2010年海珠区小学音乐录像课评比一等奖（课例：《落水天》）	区	海珠区教育发展中心	蔡佳娜
2010.6	2010年海珠区小学音乐录像课评比二等奖（课例：《下蛋啰》）	区	海珠区教育发展中心	周红莹
2010.5	在2009年海珠区"同心同根"穗港师生交流活动中，承担了活动观摩课一节（美术课）	区	海珠区教育局	谭遇青
2010.5	在2009年海珠区"同心同根"穗港师生交流活动中，承担了活动观摩课一节（主题级会）	区	海珠区教育局	李凤华 李丽峰 林有娟 黄秀辉
2010.5	在2009年海珠区"同心同根"穗港师生交流活动中，承担了活动观摩课一节（大课间）	区	海珠区教育局	姚再杰 吴 聂 黄湘伟
2009.12	2009学年上学期全区教研活动中执教小学品德三年级《同在蓝天下》公开课	区	海珠区教育发展中心	陈 然
2009.7	海珠区小学第三届"海教杯"课堂教学评比获品德科一等奖	区	海珠区教育局	陈 然
2009.6	2008学年第二学期小学品德课"东部研训"送教活动中执教《多姿多彩的地图世界》	区	海珠区教育发展中心	陈 然
2009.7	海珠区小学第三届"海教杯"课堂教学评比获体育科三等奖	区	海珠区教育局	姚再杰
2008.12	2008学年第一学期"中小学英语教学衔接课例研讨"活动提供课例一节	区	海珠区教育发展中心	肖丽琼
2007.12	海珠区中小学体育与健康课程教学设计、教学实录（片录）、教学反思、课例评析评比活动中荣获二等奖	区	海珠区教育发展中心	姚再杰
2007.12	海珠区中小学体育与健康课程教学设计、教学实录（片录）、教学反思、课例评析评比活动中荣获二等奖	区	海珠区教育发展中心	黄湘伟

(续上表)

授予时间	获得奖项	级别	授予单位	获得者
2007.12	海珠区中小学体育与健康课程教学设计、教学实录（片录）、教学反思、课例评析评比活动中荣获二等奖	区	海珠区教育发展中心	吴 聂

四、学校变化

"蕴和乐校园文化，创和乐教育特色"。多年的师生和家校的共同努力，使赤岗小学"和乐教育"实践研究取得了丰硕的成果。近十年，学校先后获得广东省中小学特色学校创建优秀方案二等奖、广东省小学品德学科成果交流评比二等奖、广州市第八届教学成果评比三等奖、2019年广州市教学成果奖和成果培育项目、广州市教育研究院教学成果奖三等奖、海珠区第四届教学成果特等奖、广州市诵读中华经典美文表演大赛活动特等奖、广州市第二批义务教育阶段特色学校、广州市安全文明校园、广州市"三八"红旗集体、广州市巾帼文明岗、广州市青少年科技教育先进集体、广州市教师幸福团队、海珠区先进集体、海珠区校本培训先进学校、海珠区创建"书香校园"先进学校、海珠区科研工作先进单位、海珠区德育工作示范学校、2017年度科技教育先进单位等集体奖项和荣誉称号。

学校浓厚的"和乐"文化环境，提升了教育管理水平。学校以"礼乐教学"的行动研究为引领，通过创设优美、雅致的和乐文化氛围，建设"和乐教育"办学特色的十大校园景观，做到和美校园"三美化"：文化标识物象化、环境布置主题化、校园氛围诗意化。同时，学校还创建了书香校园，评选读书小博士，出版校刊《和乐赤小》等，多形式、多途径推动学校形成礼乐文化，使学生在兴味盎然的全面学习中体验学习的愉悦感、求知的满足感和成功的欢乐感，学会学习和发展，使学生"得法于课内，得益于课外"，使教师"问渠哪得清如许，为有源头活水来"，使学校的教育教学管理朝着"随风潜入夜，润物细无声"的方向迈进。

学校和乐教育特色扎实开展，涉及学校管理的方方面面，引起市区教育界

第七章　和乐教育行动研究的效果

同行的关注。近 4 年，我校接受海珠区质量监控，均进入区前 20 名（全区共 92 所学校），受到表扬。学校多次在省、市、区作课程改革以及特色创建的经验介绍。2016 年 3 月，海珠区赤岗小学携手海珠区新港中路小学和南武小学，举办了"和乐弘学心连心，特色育人显姿采——赤岗小学'和乐教育'特色成果"主题展示活动。此次活动，学校邀请到广东第二师范学院教授闫德明先生、海珠区教育局金嫣霞副局长及局相关科室的领导，以及广东省内各兄弟学校的同行共同参与。广东省第二师范学院教授、广东教育学会学校特色研究专业委员会会长闫德明教授高度评价我校的"和乐教育"开展得扎实有效、富有成果，寄望赤小人能继往开来，在校长"和乐教育"教育思想的引领下，不断朝前迈进，为孩子们再造一个梦境般的"和乐"新天地。"和乐教育"的办学成果，也于 2016 年 3 月在《中小学德育》作了专栏报道，我也成为封面人物。

近六年课题组组织相关讲座 42 次，其中省级 17 次、市级 5 次、区级 9 次、校级 11 次（表 7.11）。

表 7.11　2013—2018 学年"和乐教育"成果推广相关讲座目录

序号	项目名称	等级	主讲
1	教育部教师工作司领导接待作《创建和乐特色学校　完善和乐课程体系》讲座	省级	林秋玉
2	广东省乡村中小学校长培训《创建和乐教育特色，培植学校和乐文化》讲座	省级	林秋玉
3	广东省第二师范教育学院学生《创和乐校园，育雅慧学子》	省级	林秋玉
4	广东高等教育出版社教学服务中心组织的广西桂林中小学校长作《绩效管理—中小学制度建设的必然要求》讲座	省级	林秋玉
5	广东高等教育出版社教学服务中心组织的广西桂林中小学校长作《创建和乐教育特色，培植学校和乐文化》讲座	省级	林秋玉
6	广东省 21 期农村学校提高班讲座《挖掘地域文化，创建和乐特色学校》	省级	林秋玉
7	清远市清城区中小学校长培训作《学校重点课题成果的提炼与呈现》	市级	林秋玉

（续上表）

序号	项目名称	等级	主讲
8	广东高等教育出版社教学服务中心组织的江门新会区骨干教师作《和乐课程的建设与实施》	市级	林秋玉
9	市农村骨干教师培训作《创设多样化的教学情景，提高品德课堂教学时效》讲座	市级	林秋玉
10	江门市新会区骨干教师讲座《和乐课程的建设和实施》	省级	林秋玉
11	海珠区中小学校长特色学校创建交流会上作《挖掘地域历史文化，创建和乐特色学校》讲座	区级	林秋玉
12	区"十三五"课题负责人培训作《学校重点课题成果的提炼与呈现——以赤岗小学"和乐教育的研究"为例》	区级	林秋玉
13	《以课题研究推动学校特色建设》市名校长陈庆文工作室成员校讲座	区级	林秋玉
14	清远市清城区凤鸣小学行政、骨干教师作《培植学校和乐文化，塑造和乐特色学校》讲座	校级	林秋玉
15	韶关重阳学校行政作《运用有效策略，提高管理成效》讲座	校级	林秋玉
16	省二师校长班培训作《挖掘地域历史文化，创建和乐特色学校》	省级	林秋玉
17	海珠区中小学公民办校长作《心动 行动 感动—公民办中小学"2+1"牵手结对经验分享》讲座	区级	林秋玉
18	广东省第21期农村小学校长提高班学员作《挖掘地域历史文化，创建和乐特色学校》讲座	省级	林秋玉
19	广州市小学品德骨干教师新课程培训作《一线教师如何开展品德课题研究》讲座	市级	林秋玉
20	广州市中小学校本培训经验交流海珠区会场作《坚持研训校本化，提高和乐教师团队素质》讲座	区级	林秋玉
21	海珠区教育系统校级干部培训作《和乐教育重践行，和谐发展促提高》讲座	区级	林秋玉
22	韶关重阳学校行政、骨干教师作《培育学校和乐文化，打造和乐特色学校》讲座	校级	林秋玉

（续上表）

序号	项目名称	等级	主讲
23	海珠区教育科学（第三批）课题负责人专题讲座《学校如何开展面上课题研究——以赤岗小学为例》	区级	林秋玉
24	韶关市武江区重阳小学讲座《培育学校和乐文化，创建和乐特色学校》	校级	林秋玉
25	广西桂林"名校长工程"讲座《创建和乐教育特色，培植学校和乐文化》。	省级	林秋玉
26	广东省高小兰工作室"强师工程"讲座《学校和乐教育文化特色介绍》	省级	林秋玉
27	广东省高小兰工作室西藏骨干教师跟岗讲座《学校和了文化特色介绍》	省级	林秋玉
28	广东省高小兰工作室"百千万人才培养工程"讲座《蕴和乐教育文化，创和乐特色学校》	省级	林秋玉
29	广东省高小兰工作室骨干教师省培讲座《蕴和乐教育文化，创和乐特色学校》	省级	林秋玉
30	《和乐教育办学特色》讲座	省级	彭舜怡
31	《和乐教育特色课程的开发与实践》讲座	省级	彭舜怡
32	广州市特色课程调研会代表区作《和乐教育课程创建》汇报	市级	彭舜怡
33	重阳学校作教学指导讲座	校级	彭舜怡
34	在海珠区教研中作专题发言	区级	陈然
35	黄埔小学作品德科教学指导	校级	陈然
36	新洲小学作品德课教学指导	校级	陈然
37	在东风小学做品德科教学指导	校级	陈然
38	清远市清城区讲座《小学数学教学中课前任务支架设计与实施的研究》	区级	麦燕琼
39	韶关市武江区重阳小学《小学数学教学中课前任务支架设计与实施的研究》	校级	麦燕琼
40	在云浮云安区小学数学教师培训作专题讲座	省级	蒋英姿
41	在北山小学作专题讲座	校级	蒋英姿

（续上表）

序号	项目名称	等级	主讲
42	在新港中小学作专题讲座	校级	蒋英姿

表7.12　2008—2018学年赤岗小学获得的主要集体荣誉

序号	集体荣誉称号
1	广州市巾帼文明岗
2	广州市三八红旗集体
3	广州市安全文明校园
4	广州市第八届百所读报用报先进学校
5	广州市优秀科组（英语科）
6	广州市学校民主管理工作星级单位（三星）
7	广州市科技体育比赛先进集体
8	广州市民主管理三星级单位
9	广州市优秀数学科组
10	广州市健康促进学校铜奖单位
11	广州市中小学大课间体育活动评比一等奖
12	广州市幸福团队（和慧教师团队）
13	海珠区首批义务教育阶段特色学校
14	海珠区先进集体
15	海珠区"十一五"教育科研工作先进单位
16	海珠区教育系统先进基层党组织
17	海珠区平安校园优秀单位
18	海珠区书香校园优秀单位
19	海珠区教育系统模范教职工之家
20	海珠区中小学大课间体育活动评比一等奖
21	海珠区学校体育工作先进单位

（续上表）

序号	集体荣誉称号
22	海珠区学校艺术工作先进单位

表7.13　2007—2016学年学校集体、师生个人获奖统计

	国家级	省级	市级	区级	合计
集体荣誉	2	2	46	146	196
教师荣誉	19	28	119	319	485
学生荣誉	—	3	41	40	84
学科竞赛	137	15	83	536	771
艺术竞赛	56	19	6	160	241
体育竞赛	3	8	27	338	376
科技竞赛	20	95	329	733	1177
小计	237	170	651	2272	3330

同时，赤岗小学还为各级中学输送了很多全方位发展的优秀人才和学科、体艺特长生。学校"和乐"教育教学工作得到学生、家长、同行、社会的广泛认可（表7.12，表7.13）。

在学生眼里，赤岗小学是他们成长的沃土，能从中汲取成长的丰富能量，这里有和蔼可亲的老师、活泼可爱的学友，学校是他们成长的乐园。

六年（1）班宋伟佳[①]：我叫宋伟佳，是赤岗小学六年（1）班的学生。光阴似箭，岁月如梭，转眼间我即将踏出母校大门。回想起这六年的小学时光，心中是无比的眷念、留恋和感恩。我非常热爱我的学校，这里有和蔼可亲的老师，他们教给我丰富的知识，让我受益无穷；还有活泼可爱的学友，他们伴我成长，让我感受集体的温暖。

---

① 本节由2017届毕业生宋伟佳同学撰写。

和乐教育的行动研究

　　记得我刚读一年级时十分胆小腼腆，不爱说话，别人发言我只是认真地听，从来不主动举手回答问题。其实我是十分想发言的，但我有一丝顾虑：万一答错了，老师会批评我吗？同学们会笑话我吗？正因这一顾虑，导致我不敢发言。我的这些细微举动被细心的数学老师发现了。有次上数学课时，老师扫视了全班一眼，那温柔的眼神落在我身上，好像是在对我说："这个问题很简单，快举手回答吧。就算你说错了，同学们也不会笑话你的。"老师这一温柔的眼神让我消除了心中的顾虑，于是我下定决心，举起了我那放下已久的小手，回答了老师提出的问题，结果赢得了同学们热烈的掌声。从那以后，几乎每堂课我都会举手发言，这都要感谢老师那一个温柔的眼神，让我从胆小腼腆逐渐变得大方勇敢。

　　每次上语文课前，老师都会让同学按学号轮流播报一条新闻，播报结束后再讲讲自己的感想。通过这些方法，同学们对语文的兴趣越来越大，对社会的了解也越来越多！

　　不仅和蔼可亲的数学老师、教育得法的语文老师让我印象深刻，声音甜美的音乐老师，风趣幽默的体育老师，细致严谨的科学老师等等，都给我留下了美好的回忆。六年来一直陪着我走过风风雨雨的同学们，也将会让我念念难忘。

　　记得上三年级时，有次我不小心左手骨折了，左手打上了厚厚的石膏。看到自己这副伤病员模样，我觉得很难为情，就不想去学校，怕被大家笑话。可石膏要一个月才能拆，这样的话我会耽误很多功课，在家养了几天后，我最终还是硬着头皮去上学了。当我刚跨进教室，同学们一下子全跑过来，围着我问长问短，完全不是我想象的那种场面。还没等我回过神来，书包、饭盒已经被几个同学抢走了，还有两个同学一看没帮上我，非要搀着我走到座位边，这时有同学已帮我从书包里拿出文具盒课本作业本了。等到中午吃饭时大家都争帮我打水、装饭，就连我下课去厕所，也有几个要好的同学在身旁护着我，防止被别人撞到伤口。那一整天我心里都是暖暖的，觉得同学们对我太好了。在赤小这个大家庭中，同学们关爱我的例子还有很多很多，这样的好同学更是数不胜数。后来，只要其他同学遇到困难，我也会毫不犹豫地去帮助他。如果您细心观察，便会发现在赤小和乐园里随处可见友善的身影！

第七章 和乐教育行动研究的效果

俗话说："天下没有不散的宴席"。回想这六年的学习与生活，千丝万缕牵扯着我的心。漫步于书香醇美、雅致和乐的校园里，一切都是那么熟悉、那么温馨。穿梭于"和乐休憩苑"的林荫小道，或驻足欣赏茶花、玫瑰花、龙船花、太阳花、兰花，或找寻石缝间的小蚂蚁，或围观池水中悠闲游走的小乌龟，此景此情，都让我依依不舍！还有那"和乐读书苑"墙上刻着的"书山有路趣为径，学海无涯乐作舟"诗句，将永远激励着我用乐观的态度去迎接风雨的洗礼，去探寻那知识的海洋。

为了全面锻炼我们，学校开展了丰富多彩的和乐读书节、和乐科技节、和乐艺术节、和乐体育节以及和乐社团活动，培养了我们的兴趣，也为我们搭建了展示特长的舞台，让我们从稚嫩逐步走向成熟。因此，在学校、区、市组织的各类比赛中，我和我的伙伴们取得了优异的成绩。

怀着感恩之心，我衷心地祝愿我们的学校更加美丽，更加辉煌！我们的老师健康安宁、工作顺利！我的学弟学妹们在赤小这片和乐的沃土上能与我一样，开心地学习，茁壮地成长！谢谢大家！

在教师眼里，这里有着和谐的干群关系、充满爱与温暖的师生关系，具有浓厚的学习研究氛围，是让能人享受课堂上每一分钟感动与快乐的地方。

音乐学科蔡佳娜老师[①]：经常有老师这么对我说，你们音乐老师是最快乐的，每天都在弹琴、唱歌，最开心就是你们了。是的，我每天都很开心，每节课我都非常快乐，我是这么回答的。其实，不光是弹琴、唱歌很开心，孩子们对音乐的每一个独特的见解、每一句优美的歌声、每一个创编的惊喜、每一个纯真的眼神、每一份小小的感动，才是我真正的快乐与享受。我发现我越来越热爱这一份工作，我享受与孩子们共同欣赏、共同喜悦的课堂四十分钟。

有些孩子可能学习成绩很差，但来到音乐课上他们却非常自信，我会用欣赏的眼光去看他们。在我的课堂上没有差生，他们在堂上带给我的惊喜实在太多，我能处处发现他们在音乐上的优点。有一个孩子行为不受约束，在课堂上

---

① 本节由蔡佳娜老师撰写。

随意说话,集体纪律感比较差。听主科老师说这孩子非常聪明,智商超出同龄人许多,行为习惯却比较自由。可是面对着他的随意散漫,我却无法对他生气。"老师,他这个音偏高""老师,他音准很好,带点感情来唱就更好了""他的喉咙没打开,声音唱得太白了……"在学期末每个孩子的独唱展示中,他一直坐在我身边小声地说着,像个小导师一样准确地点评着。那是一个二年级的孩子对音乐的感受,对音乐的热情!他在堂上创编歌词,创编旋律,脱口而出。我享受着孩子们带给我的这一份份感动。此情无价,此乐无价!

二年级还有一个孩子,在唱歌时总是唱不到调上,比如大家都轻声地唱一个"LU"音,他经常要不偏高,要不偏低。我发现他总是小心翼翼地唱,生怕自己的声音影响到别人。因为他也知道,四十个不同的声音在合唱时要变成一种相同的音色,大家要互相聆听,互相合作。他的眼神是那么的专注,他是那么地想唱好,有时候一唱出来他听到自己声音没融入集体,他会做这样的表情:(捂住嘴巴)用一种渴望的眼神看着我。天真无暇的孩子,太可爱了!孩子对音乐的热爱与期盼的眼神足以让我感动,让我享受其中。我经常跟他说没事的,先小点声唱,慢慢调整就好了,只要你专注地去做一件事情你一定会有进步的。我希望我的每一句赞赏、每一句呵护,都能融入学生的脑海,滋润孩子的身心。

记得上一届合唱比赛,我们合唱队获得区比赛一等奖,接到要参加市赛通知的时候,孩子们欢呼雀跃。离比赛仅两个星期的时间,各间学校都进入了紧张训练,而我们学校因为学生流感比较多,学校因此进入防备流感扩散紧急状态,取消一切室内集体活动,甚至有可能取消参加比赛。这消息让孩子们很受打击,不停地有孩子来恳求我给他们排练。一句句真挚热切的话语,一双双渴望的眼神,令我无法抗拒。离比赛还剩一个星期,我们安排在室外排练,同学们穿着棉袄,顶着寒风,全情投入排练。比赛结果得到广州市一等奖好成绩,老师为你们感到骄傲,你们的进取精神,让我感到欣喜。

我喜爱这所学校,喜爱这个和慧的团队,感谢学校领导一直对我的关心和信任,使我的教学之路时刻充满了幸福与快乐。我喜欢与孩子们在一起的快乐时光,享受课堂上时常带给我感动的四十分钟。学高为师,德高为范,欣赏、鼓励、宽容,才能和孩子们贴心。我爱孩子们成长过程中的每一个微小的

第七章 和乐教育行动研究的效果

"闪光点",它是我当教师最大的乐趣,使我的人生更加充实、幸福与快乐!

中层干部肖丽琼老师[①]:"作为"和慧团队"中的一员,我在"和乐教育"的引领下,多年来坚持不断地学习与研究,总结与反思,使自己逐渐成为一名充满智慧的教师。我热爱学习,注重学历的提升,攻读了中山大学的研究生课程并获得教育硕士学位。我坚持参加各类培训,近年来参加了市骨干教师培训、TKT、SAFEA、TDI英语教师培训和科研课题培训等等。学校领导也精心策划多层次的校本培训,校长不仅自己做讲座,也充分利用社会资源,邀请了高等教育院校的知名教授、一线的名师名班主任来校传经送宝。"送出去,请进来"的学习与培训,开阔了我的视野,夯实了我的专业技能,提升了我的专业素养。

我校的科研气氛一直很浓厚,坚持"走科研兴校强教"之路。"和乐教育"是林校长2007年立项的区级重点课题,如今已经取得硕果累累。因此,在科研氛围的熏陶下,我也潜心研究,现主持一项区级课题,参与两项市级课题的研究。在课题的引领下,我在课堂上更关注学生学习策略的培养,更有效的设计教学活动,课后更加主动进行反思,课堂教学效益有了较大提高。在课题的引领下,我不断成长,近年来被认定为市英语骨干教师,被聘为区中心组成员,两次分别获得区"明珠杯"英语课堂教学评比二等奖和三等奖,教学课例获市三等奖,有多篇论文获奖或发表。

机遇总是垂青努力的人。2012年我很荣幸被提拔为学校的中层干部,担任学校的副教导主任兼工会主席。记得刚上任时,林校长对我说:"我对学校管理团队要求较高,不仅要求工作上要有大局、角色、规划和绩效意识,而且做中层干部,为人处事一定要谦和大气,要有包容心态,不怕吃亏,才能够在夹心饼的角色中找寻快乐!行政团队是学校的一面旗帜,希望你的形象就是一面旗帜!"

新的起点,新的挑战。那一年我特别忙碌,繁杂的教务工作,一次次困扰着我,让我觉得精疲力尽,总觉得忙忙碌碌又一天,静下心来似乎也没干什么

---

① 本节由肖丽琼副主任撰写。

正事。我最惭愧的是，每次都匆匆走进课室上课，下课铃声响，又急急忙忙离开，少了很多与孩子们交流的时间。每天总要先忙完行政杂事，下班后才能批改作业和备课。但也正是这种忙，逐渐让我懂得了如何管理自己的时间，思考该怎样做才更有效。琐碎繁杂的教务工作，慢慢炼就了我的大局意识、我的认真细致及有条不紊的工作作风。

在工会工作方面，每月的"你乐我乐大家乐"工会活动锻炼了我的活动策划能力；及时的"探望、送温暖"行动，让我的心与老师们拉近；定期开展的技能比赛，不仅提升了和慧团队的素养，也提升了我自身的素养。学校工会工作日渐开展得有声有色，深受局教育工会的赞赏，也获得不少荣誉：如2012年度区先进工会组织；2013年区教工广播操比赛优秀组织奖和优胜奖；区教工跳绳比赛一等奖；区实打实服务教职工模范单位；2015年获海珠区幸福团队，广州市教师幸福团队；2016年"广州好教育"一等奖和优秀组织奖等等。与此同时我个人也幸运地成为区工会委员之一。

能成为和乐大家庭中的一员，能浸润在和乐氛围中，能在领导和同事的支持与帮助下不断地成长，感觉如此幸福！我会继续保持那份激情，继续幸福地前行！"

参考文献

[1] 林秋玉,刘良华. 立足于自然法的教学改革及其行动研究[J]. 全球教育展望,2015(2):11-19.

[2] 刘良华. 整体教学视野中的学科教学变革[J]. 湖北教育,2013(11):15-20.

[3] 卢仲衡,等. 怎样进行自学辅导教学实验[J]. 教育研究,1982(11):20-23.

[4] 卢仲衡. 自学辅导心理学[J]. 北京:地质出版社,1987.

[5] 黎世法. 异步教学论[M]. 武汉:湖北教育出版社,1989.

[6] 张祥龙. 孔子的现象学阐释九讲[J]. 上海:华东师范大学出版社,2009.

[7] 刘良华. 论"兴发教学"[J]. 上海教育科研,2014(3):3-5.

[8] 林秋玉. "和乐德育"的实践研究[J]. 教育观察,2013(1):81-83.

[9] 邹德威. 德育教育中的误区及反思[J]. 学校思想教育,1994(5):8-12.

[10] 吴刘丹. 试论德育的哲学视角[J]. 理论导报,2007(6):7-9.

[11] 于秀珍. 努力提高德育工作实效[J]. 山东教育科研,1998.

[12] 林秋玉. 和乐品德课堂的策略探微[J]. 中小学德育,2013(7):68-70.

[13] 林秋玉. 坚持"研训"校本化,提高"和乐"德语团队素质[J]. 中国教师,2013(8):67-68.

[14] 林秋玉. 教师管理要"因人而异"[J]. 教育导刊,2005(6):46-47.

[15] 林秋玉. 论新世纪中青年校长的素质[J]. 教育导刊,2003(3):94-95.

[16] 林秋玉. 推行"生活化"的品德教学,提高课堂教学效率[J]. 中国教师,2014(7):46-47.

[17] 林秋玉. 蕴和乐教育文化,创和乐特色学校[J]. 教师,2015(5):5-7.

[18] 林秋玉. 抓实教育教研,提升学校管理水平[J]. 师道,2010(7):8.

[19] 林秋玉. 关爱理解帮扶——学生个案的研究与辅导策略[J]. 师道,

2017（7）：27.

[20] 陈然，林秋玉. 小学生职业理想启蒙教育策略初探［J］. 教育观察，2019（1）：62-63.

[21] 林秋玉，彭舜怡. 兴发教学43问——广州市海珠区赤岗小学师生访谈［M］. 广州：中山大学出版社，2017.

后　　记

　　我出生在福建莆田的一个村庄，是个地道的农村孩子。俗话说穷苦的孩子早当家，相比那些含着金钥匙长大的同龄人，我觉得自己比较能吃苦，具有韧性。

　　我有六兄弟姐妹，三个哥哥，两个姐姐，我是老幺。我记事时爷爷已不在世，奶奶已八十多岁，当时中风在床，我和哥哥姐姐们为她送了一年半的饭。在那个物质匮乏、条件简陋的年代，奶奶只能在床上度过她最后的生命时光，这在我幼小的心灵里，深深地烙印了对生命终极的理解。

　　我的父亲出生在上世纪30年代，虽然读书不多，却写得一手漂亮的钢笔字、毛笔字，且能言善道。每次村里公映电影，他是"金牌主持"，是一个很受村民欢迎的"能人"。父亲会拉二胡，经常参与乡人婚庆器乐合奏；他还能烧一手好菜，是无师自通的厨师。到我懂事的时候，父亲四十来岁，当时村里置办酒席都爱找他，他每次都被油烟熏得吃不好、睡不好。按照我家乡的习俗，婚宴一般都是集中在腊月十六至二十八日办，且基本都是摆16桌至38桌。所以，每年这段时间，父亲都得起早摸黑，深受油烟熏扰。可父亲是个乐善好施之人，不忍心拒绝别人的请求。1998年父亲病重，睿智的他从不抱怨命运不公。从生病到仙逝，他一直很乐观地生活，豁达地处事，平和地看待生死，这对我影响很大。父亲一直是我成长路上的精神导师。

　　父亲深爱他的儿女。家里经济条件虽然不好，但他却坚持让我们上学读书，除了我大姐。父亲给予我们成长、发展的机会，家成了我健康成长的摇篮。在这个大家庭中，我们六兄弟姐妹不论经历什么，都能相互帮助、相互扶持，这种风雨同舟、相伴相依的温暖，为我的人生观、价值观、世界观的形成打下了牢固的基础。在学习和工作环境中，我重视与人友善相处。我坚信，只要用心、用情与身边的人和睦相处，就能心往一处想、劲往一处使，把要做的事做好，用和谐快乐的心态把貌似不可能的事情变成现实。和谐的交往关系让共同奋进的过程充满了快乐。家和万事兴，学校人际关系和谐，一样也能事业兴旺。

和乐传统的家庭赐予我珍贵的与他人交往的心态。投身教育后，我对"和""乐"的认知逐渐深入，直接或间接地影响了我的教育观念和办学思想。

初中毕业后我选择了读师范专业。从教以后，我把"和乐"的心境带到工作中，把"和乐"的处事观念用到工作上，用到与同事的相处中。我喜欢和小朋友们相处，单纯、自在、真实，不需设防，我由衷地喜欢教师这个职业。

本书是我在赤岗小学13年办学实践的思考与梳理，有经验，也有不足，它们都在我教育管理生涯中留下重要印记。这次能够把13年关于"和乐教育"的办学实践心得集结成书，非常感谢我的课题顾问——华东师范大学刘良华教授多年的悉心指导和鼎力帮助！非常感谢我的导师——华南师范大学教育学部王红教授以及时任广州铁一中学陈庆雯校长的悉心指导！非常感谢时任海珠区教育发展中心科研部费伦猛部长的指导！衷心感谢海珠区教育局几届领导给予我基于"和乐教育"实践研究的平台。同时，还要真诚感谢我的合作团队以及全体师生和家长！他们倾注了心血、热情与才智，我在此表达最深切的谢意和敬意！全书除了我撰写的心得体会外，还引用了时任的彭舜怡副校长、高小兰副校长、麦燕琼主任、陈然副主任、肖丽琼副主任、慕瑞华大队辅导员和黄秀辉、彭继红、杨梅琴、林有娟、陈素玲、张彩华、谢从姣、蒋英姿、刘婵兴、吴聂、蔡佳娜、黄卫华等老师以及个别家长、学生代表提供的鲜活案例。在此一并表示我最衷心的感谢！

由于水平有限，其中不当之处，请专家同行指正，甚是感激！

林秋玉

2020年3月于广州